中公文庫

政治の本質

マックス・ヴェーバー
カール・シュミット
清水幾太郎 訳

中央公論新社

目次

政治の本質　ヴェーバー／シュミット　清水幾太郎訳

政治の本質

訳者序文

社会生活における政治の地位は過去にその比を見ないほどの高さを獲得した。一切の文化領域は挙げて政治の支配の下に立っているように見える。政治というものの力の根源を見極めることは既に吾々の義務となっている。だが他面においてはまた現代の世界就中《なかんずく》日本が直面している困難な問題の解決が、新しい政治の確立を俟って初めて実現されることも明らかである。新しい政治こそ新しい社会とその秩序とを創造することが出来るからである。そして新しい政治は自ら政治の新しい概念を要求するであろう。政治の新しい概念の獲得はこのようにして吾々の責任に属する。本書は右の如き現代の問題に答えるために、乃至《ないし》は少くともその解決の地盤を用意するために編まれた。ヴェーバーは既にその歴史的生命を生き尽した自由主義の立場から、そしてシュミットは新しい全体主義の見地から、それぞれ政治の本質に関する見解を提示している。この二つのものは現代の政治を理論的に把握するために、特にまた新しい政治概念を確立するために、常に省みられねばならぬものであると考えられる。

この訳書はすべて友人市西秀平君の非常な努力を得て完成されたものである。ここに記して厚く感謝の意を表する。

昭和十四年四月

清水幾太郎

職業としての政治

マックス・ヴェーバー

序　言

以下に掲ぐる著作の思想内容は、ミュンヘン自由学生同盟の発起により、一九一九年革命の冬に、公開講演として発表されたものであるから、直接に口述したままの形式を保っている。当時、兵役を解かれ、且つ戦時及び戦後の体験によって深い衝動を受けていた青年たちに対し、種々の精神的労働を基礎とする活動様式を教える道案内にもと、数人の講師に依嘱し、連続講演を催した。本講演は、「職業としての学問」と同じく、この連続講演の一部である。本講演者マックス・ヴェーバーは、これを印刷に付するために、自己の議論に加筆訂正を施し、一九一九年夏、現在の形式において、第一回の公刊を行ったのである。

一九二六年八月
ハイデルベルクにて

マリアンネ・ヴェーバー

私が諸君の御希望に従って行う講演は、種々の方面において、きっと諸君を失望させることと思う。職業としての政治に関する講演というと、諸君は知らず識らずの中に、現実の時事問題に対する態度の採り方の話をするものと予想されることであろう。しかしながら、それは、この講演の終りの方で、全生活内における政治的行動の意義に関する特定な問題を論ずる際に、形式的な方法で触れられるに過ぎないであろう。これに反して今日の講演においては、如何なる政策を行うべきであるか、即ち吾人は如何なる内容を吾人の政治的行動に付与すべきかに関する問題は、悉く除外されねばなるまい。何とならば、それは、職業としての政治とは何であり、何を意味し得るかという一般的問題と関係がないからである。――では、問題に移ろう。

吾々は政治なる言葉を如何に解しているか。この概念は極めて広く、独立的に行われる各種の指導的活動を包括している。例えば、銀行の為替政策、(註)国立銀行の割引政策、同盟罷業における労働組合の政策などという言葉が用いられているし、市町村自治体の教育政策、組合理事の指導政策、否、最後には、賢夫人の夫君操縦政策などという言葉までも用いられている。固《もと》より今夕の考察の基礎をなしているのは、かような広汎な概念ではない。今日の講演においては、政治をば、政治的団体、即ち現今においては国家、の行う指導もしくは指導に及す影響力の意に解しておきたいと思う。

（註）ドイツ語のポリティークは、政治と政策の二つの意味を持っている。この場合には、普通、政策といわれている故、政策と訳しておいた。

ところで、社会学的考察の見地よりすれば、「政治」団体とは何であるか。「国家」とは何であるか。社会学的に見るならば、政治団体もしくは国家もまた、その活動の内容から、定義を下すことは出来ない。政治団体が、此処彼処において取上げなかったような課題は殆どない。また他方において、或る問題が常に徹頭徹尾、換言すれば、常に専ら政治団体即ち今日国家と呼ばれる団体、もしくは歴史上近代国家の先駆者であった団体に固有なものであると言い得るような課題は存在しない。むしろ社会学的に見れば、近代国家は、結局において、国家並にすべての政治団体に固有な特殊な手段たる物的強制力によってのみ定義され得るのである。「すべての国家は強制力の上に築かれている。」と当時トロッキーはブレストリトウスクにおいて言った。これは実際正しい。手段としての強制力を知らざる社会組織のみが存在するに過ぎないとしたならば、その場合には、「国家」の概念は無くなるであろう。その場合には、語の特別な意味において「無政府状態」と称される有様が現れることであろう。勿論、強制力は決して国家が通常用うる手段または唯一の手段ではない。これについては問題はない。が、これは国家特有の手段なのである。現今においては正に、国家と強制力との関係は特に密接である。過去における諸種の団体は――氏族を初めとして――物的強制力を全く正常的な手段と認めていた。これに反して今日においては、吾々は次の如く言わねばならないであろう。国家とは、特定の地域内において――この「地域」たるや国家に必要なる標識である――合法的物的強制力の独占を、有効に要求する所の人間共同体であると。何とならば、現代に特有なることは、国家以外の団体もしくは個人に対し、物的強制力の行使権が付与されるのは、国家が、彼らに対しこれを認許する範囲に限られているということであるからである。国家は、強制力行使「権」の唯一の源泉と看做されている。従って、吾々にとって「政治」とは、国際間たると、或は一国の内部におけるその国の人間の集団間たるとを問わず、権力に関与せんとし、または権力分配に影響を及さんとする努力であるといえるであろう。継続的行政を要求する所のすべての統治作用は、一方において人間の行為を、合法的強制力の担い手たることを要求する君主に一斉に服従せしむることを必要とすると共に、他方、この服従に依り、任意の場合に物的強制力の行使を貫徹するに必要な物財に対する支配権を必要とする。即ち統治作用は、人的行政幹部と物的行政手段とを必要とする。

これは大体において、通常の言語の用法にも適っている。或る問題は「政治的」問題であるといい、或る大臣または官吏は「政治的」官吏だといい、或る人の決意は「政治的」に制約されているといわれる場合には、常に、権力分配、権力維持もしくは権力移転に関する関心が、彼の問題の解答の決定的標準となり、またはこの決意を制約し、または当該官吏の活動範囲を決定しているということが考えられている。政治を行う人は、権力、——理想的にせよ、利己主義的にせよ——他の目的のための手段としての権力を追求するか、さもなければ権力「それ自身のために」、即ち権力によって与えられる優越感を味わうためにこれを追求するものである。

国家は、歴史上これに先行した政治団体と同じく、合法的（即ち適法と認められたる）強制力なる手段を基礎とする所の、人間に対する人間の支配関係である。従って、国家が存立するためには、被治者がその時々の統治者の必要とする権威に服しなければならない。被治者が権威に服するのは、いつであり且つなぜであるか。この統治は如何なる内的是認の根拠に導き、如何なる外的手段に基くものであるか。

統治の内的是認根拠、即ちその合法性の根拠は――先ずこれが検討から始めよう――原則として三つある。第一は、「無始の始めより存するもの」の持つ権威、太古からの声望とこの声望を維持せんとする慣習的思想によって神聖化されたる風習の権威、例えば、家長や家柄の古い領主が行ったような「伝統的」支配である。第二は、非凡な個人的神通力（神智）の権威、或る個人の啓示、英雄的行為、その他、指導者としての属性に対する全く個人的な帰依及び個人的信頼であって、予言者や――政治の領域においては――被選挙武侯もしくは人民投票による統治者、偉大なる煽動家たる政党の首領が行うが如き「神智的」支配である。最後は、「合法性」に依る支配、合法的規則の妥当性に対する信仰及び合理的制定法に基く実質的「権限」に依る支配、従って、規則上の義務の履行に際し一斉に服従することに依り行われる支配、例えば、現代の「官吏」や、この点において官吏に類似せる権力の担い手が行う如き支配である。――実際には、恐怖と希望――魔力または権力者の復讐に対する恐怖と、来世または現世の果報に対する希望――という露骨な動機、及びそれと並んで種々様々な利害関係が従順の条件となれることは勿論である。それについては、やがて述べることとする。しかし、この従順さの「合法的」根拠を問う場合には、勿論、これら三つの「純粋な」型に突当ることになる。そして、かかる合法性の観念及びその内的基礎付けは、支配の構造にとって、極めて重要な意味を持っている。勿論、純粋な型は現実には、稀にしか存在しない。しかし、今日の講演では、これらの純粋型の変化、移行及び結合については、立入ることは出来ない。これは「国家学概論」の問題に属する。

ここで吾々に興味のあるのは、就中、かの類型の第二たる「指導者」の純個人的な「神智」に対する服従者の帰依に基く支配である。何となれば、天職の思想はここに根ざし、且つ最も良くその特徴を現すものだからである。予言者や、戦争の指揮者や、民会または議会における偉大な煽動家の神智に対する帰依は、取りも直さず、彼は人格的に、内面的に神から「天職として命ぜられたる」人類の指導者と看做され、且つ服従者は、風習とか規則とかに依って彼に服従するのではなく、彼に対する信仰の故に服従していることを意味するからである。かかる指導者が、偏狭にして虚栄に富む一時の成り上り者以上の者であれば、彼は自己の問題に専心し、「彼の仕事に努力をする」が、彼の信徒たる門弟、輩下、純個人的党人等の帰依は、指導者の人物及びその性質に向けられている。あらゆる場所及びあらゆる歴史的段階における指導者の性質は、一方において魔法使と予言者、他方において被選挙武侯、隊長、傭将という過去における二つの最も重要な姿の中に現れている。しかしながら、吾々に関係の近い政治的指導者層は、先ず最初、西洋、就中地中海文明に固有な都市国家の地盤の上に成長せる自由「煽動家」の形で、次には、これも西洋にのみ発生せる立憲国の地盤の上に成長した議会的「党首」の形で現れたが、これは西洋特有なものである。

ところで、言葉の最も本来的意味での「天職」を基とするこれらの政治家は、勿論、政治的権力闘争の動輪となるべき唯一の決定的人物ではない。大いに決定的事情となるものは、むしろ、彼らの持つ補助手段が如何なるものであるかという点にある。政治上の支配権力は、如何にしてその支配を主張し始めたのであるか。この問は、各種の支配、従ってまた、あらゆる形態の政治的支配、即ち伝統的並に合法的及び神智的支配についても提起されるものである。

行政幹部は、政治的支配の仕事並にその他一切の仕事を、外部に向って表現する所の機関であるが、これらの人々は、勿論、今、上に話したばかりの合法性なる観念だけで、権力者への服従に繋がれているのではない。そうではなく、個人的利益に訴える所の二つの手段、物質的報酬と社会的名誉に依るのである。封建家臣の采邑《さいゆう》、領主の役人の扶持、現代の官吏の俸給——騎士の名誉、身分上の特権、官吏たるの名誉がその報酬であり、そしてそれらのものを失う不安が、行政幹部と権力者との結合の究極の決定的基礎をなしている。これは神智的支配者層についても謂える。軍人にとっては、武勲と分捕物が、煽動政治家の手下には、「猟官制」即ち官職の独占による被支配者の搾取、政治的条件付の利権、虚栄なる褒美が即ちこれである。

強制的支配を維持するためには、いずれも或る種の物質的外的物財を要することは、経済上の経営におけると同様である。ところですべての国家秩序は、権力者が服従を期待し得る麾下《きか》の人々——官吏その他誰であろうと差支えないが——が、金銭、建物、戦用資財、車輛、馬匹その他の行政手段を自ら所有する原則の上に立つか、それとも、現今の資本主義的経営内において使用人と無産者が物的生産手段から、「切離され」ているのと同じ意味において、行政幹部は行政手段から、「切離され」ているかに応じて、編成を異にしている。即ち、権力者が自ら組織した自己の直轄組織を親裁し、物的経営手段の所有権者、自ら権利を有する占有者ではなく、この点について主権者の指揮を受けている所の扈従《こしょう》、役人、寵臣、腹心をして行政を行わしめるか、それともその逆の場合であるかに応じて、国家秩序はその編成を異にしているのである。この区別は、過去のあらゆる行政組織を通じて行われている。

物的行政手段の全部または一部が、麾下の者の掌中にあるような政治団体を、吾々は「身分的に」編成されたる団体と名づけよう。例えば、封建制度における家臣は、自分が封ぜられた地方の行政及び司法を自分の懐で賄い、戦争のために自ら武備を整え、食糧を準備した。彼の陪臣も同様なことをした。これは勿論、采邑の所有、及び家臣の社会的名誉の根源は君主にあると考えられていたことと単なる主従の盟約に基く所の、君主の権力的地位に有利な結果を持っていた。

ところで、君主の直轄制度は、最古の政治組織に遡るまで、各地に存在していた。君主は、身分的に彼に従属した人々、奴隷、執事、下僕、君側の「寵臣」や、実物手当や貨幣手当を払って予備会議室から借りて来た扶持僧等を使って、支配権を自己の掌中に収めんとし、――帝室の武器庫や倉庫から武器を与え、食糧を給したため、全く身分的に彼に従属せる――軍隊を備える資金を自分の懐から、自分の領地の収入から支払おうとしたのである。「身分的」団体の場合は、君主は或る特別な常設的「貴族階級」の助力に依って支配を行い、従って、貴族たちと支配を分け合うことになるが、これに反して、ここにおいては、君主は、家僕を基礎とするか、さもなければ、――固有の社会的名誉もなく、物質的には全く君主に縛りつけられていて、自分の競争能力というものを持っていない所の無産者階級たる――平民を基礎としている。あらゆる形態の家長的及び家産的支配、サルタンの専制政治、官僚主義的国家秩序はいずれも、この型に属する。特に、官僚主義的国家秩序、即ち近代国家にてもまた、否、正に近代国家の特徴たる所の官僚主義の合理的完成を見たる近代的国家秩序はこの型に属している。

各地において近代国家の発達が盛になったのは、君主と並んで存在する行政権力の独立的「私的」所有者、即ち行政手段、戦争遂行手段、財政運用手段及び政治上使用される各種の財貨の所有者を、君主が収奪しようと試みたことに依る。この過程は、独立生産者の漸次的収奪に依る資本主義的経営の発展と全く並行している。最後に、近代国家においては、事実上、政治の遂行手段は悉く唯一つの尖端に凝集し、最早一人の官吏といえども、自分が支払う金銭や、或は自分が使用する建物、貯蔵品、道具、兵器等の私的所有者ではないようになる。従って今日の「国家」においては、——これは近代国家の概念上、本質的な点であるが、――行政幹部、即ち行政官及び行政執務者は、完全に物的手段から「切離され」ているのである。さて、この点においては、極く最近、新なる発展が現れ、吾々の目前で、この収奪者から政治上の手段、従って政治上の権力を収奪せんとする試みが行われている。簒奪または選挙によって、政治的スタッフと物財に対する支配権を獲得し、その適法性の根拠を被支配者の意思に帰した――それがどれほど正しいかは、どうでもよい――所の指導者が、従来の政府に代った限りにおいて、少くともこの限りにおいて、革命は功績を残している。かくの如き――少くとも外観上の――成功に基いて、資本主義的経済経営内においても収奪を遂行し得るという希望を懐くことが正しいかどうかはこれと別問題である。資本主義経済経営の管理は、政治行政とかなり似てはいるけれども、その奥底では、政治的行政とは全く別な法則に従っているからである。今日の講演ではこれについては述べない。近代国家とは、一定の地域内において、統治手段としての合法的物的強制力を独占せんと努力し、且つこの目的のために、物的経営手段をその指導者の掌中に収め、他方に、昔から自己の権利において行政手段を支配していた独立権能的身分的代表の権限を剝奪し、自らこれに代って、その最先頭に立つに成功した所の、公共的統治団体である。吾々の考察にとっては、かかる純粋に「概念的」なる点だけを認めておくこととする。

世界各国において絶えざる成否浮沈の中に行われたこのような政治的収奪の過程の遂行するにつれ、しかも最初は君主に仕えるために、第二の意味における——即ち天職の意に非ざる——最初の「職業政治家」が現れた。この人々は神智的支配者のように、自分から君主になろうなどとは考えないで、政治的君主に奉仕したのである。彼らは、君主と貴族とが相闘ううちにあって君主に仕え、その政治を執行することによって、一方に物質的生計を得、他方にその思想的生活内容を得たのである。この種の職業政治家が君主以外の権力に仕えた事実も、西洋だけに見られることである。過去において彼らは、その最も重要な権力機関であり、政治的収奪機関であった。

このような職業政治家について立入って論ずる前に、吾々は「彼らを」存在せしむるに至った事情を、すべての方面に亙って曖昧のないように明らかにしておこう。吾々は、ちょうど経済活動の場合と同じように、或は「臨時的」政治家として、或は副業的政治家として、或は本業的政治家として、「政治」を営む——即ち政治組織相互間及びその内部における権力分配に介入しようと努める——ことが出来る。吾々が投票を行ったり、これに似た意思表示を行う場合、例えば「政治的」集会において喝采を送ったり、抗議をしたり、或は「政治」演説を行ったりする場合には、吾々すべては「臨時的」政治家である。——多くの人々が政治に関係する程度はこれ位なものである。「副業的」政治家とは、今日において、例えば、政治的活動を必要な場合にだけ行い、——これは普通行われる所であるが、——物質的にも、思想的にも、先ず第一に政治によって「生計を立てる」ようなことのない政党の理事とか幹部の如き人々である。諮詢を受けた場合に限って活動する枢密顧問官、その他の相談役もこれに属する。会期中だけ、政治を執る所の、吾が国のかなり大部分の議員もそうである。過去においてこれらの人々は、特に「門閥《シュテンデ》」の中に存在していた。ここで「門閥」とは、軍事上または行政上重要なる物的経営手段または人的支配権について、独立権能を持っていた人々を指すこととする。彼らの大多数は、生活の全部または大部分を、乃至は臨時的以上に、政治に捧げるようなことは全くない。彼らはむしろ地代を取り立てたり、或は直接に利潤を獲得するために、彼らの支配権を行使する。そして、主人もしくは同じ身分の者から特に請求のある場合にのみ、政治団体のために政治的活動を行ったのである。君主以外のものには自由にならないような政治的親裁制度を獲得するための闘争に際し、君主が召抱えた輔佐人も同様である。「世襲顧問官」、更に遡って「元老院」その他、君主の諮詢機関の顧問官は、皆かかる性質を帯びている。が、勿論、君主は、これらのほんの偶然的な、或は副業的に過ぎない輔佐人だけで満足することは出来なかった。彼は、専心彼に仕えるような輔佐人、即ち本業的な輔佐人よりなる幕僚を作ろうとしなければならなかった。当時成立の途上にあった王朝的政治制度の構造は勿論のこと、当時の文化の特徴全体は、大部分君主がこれらの輔佐人を何処から連れて来たかに依存していた。これと共に、君主の権力を全く除去し、或は極端に制限して、(所謂)「自由」国家たる政治組織を与えられた政治団体は、ますます必要となって来た。——ここで「自由」というのは、自由に権力的支配が行われるという意味ではなく、伝統の力により合法的と認められた(大抵は宗教的に崇められている)君主の権力が、あらゆる権威の唯一の源泉ではなくなったという意味である。かかる自由国家の故郷は、歴史上から見て、全く西洋に限られている。彼らの萌芽は、先ず最初に地中海文化圏に現れたる政治団体としての都市であった。これらすべての場合において、「本業的」政治家は如何なる状態にあったか。

政治を職業とするものに二種類ある。即ち政治の「ために」生活するか、——でなければ、政治に「よって」生活するかである。この対立は、決して排他的対立ではない。少くとも思想的に、否、大抵の場合には物質的にも、むしろ両方の生き方をするのが例である。政治の「ために」生活する者は、内的意味において、「政治によって生活」するものである。彼は権力を露わに所有しこれを行使することに楽しみを感ずるか、或は一つの「仕事」に仕えることによって彼の生活に意味を付与したという意識の働きに依り、内的平衡と自負感に満足するかしている。かかる内的意味からいえば、真面目に一つの仕事のために生きる人は誰でも、この仕事によって生活していると謂えるであろう。従ってこの区別は、問題のもっと露骨な側面、即ち経済的側面に関係している。職業としての政治に「よって」生活する人とは、政治を継続的収入の源泉にしようと努める人であり、——政治の「ために」生活する人とは、かかることをしない人である。何人かがかかる経済的意味において政治の「ために」生き得るためには、私有財産制の支配下では、二三の極く平凡と思われるような前提が存在しなければならない。彼は——通常の場合には——政治から得られる収入から経済上独立していなければならない。これは極く簡単なことで、彼は財産家であるか、それとも充分な収入の得られるような私的身分を持っていなければならないということである。少くも普通の状態では、そういうことが出来る。なるほど、武侯の家来は、街頭の革命的英雄の手下と同じように、正常的な経済に必要な諸条件を問題にしていない。両者共に、鹵獲《ろかく》、掠奪、徴発、貢納、価値なき強制支払手段の強要――これらはいずれも本質上、同じである――によって生活している。しかし、それは確かに異常な現象である。日常の経済においてかかる役割を演ずるのは、自分の財産だけである。しかしそれだけでは充分でない。その上に、彼は経済上「無用な」者でなければならぬ。即ち彼の収入は、彼が個人的に絶えず労働力及び思考力の全部を、さなくとも大部分を営利活動のために使用することに、依存してはならない。さて、この意味において極く無条件に無用な者といえるのは、レントナー、即ち純然たる不労所得を収得する人々である。かかる所得が、昔の領主や、現代の大地主とか旧王族のように、地代から得られようと、――古代及び中世においては、奴隷料、家僕料からも得られた――或は有価証券その他これに類似する近代的収入の源泉から得られようと、問う所ではない。労働者も、或は、――極めて注意すべきことであるが、――企業家も、――近代的大企業家もまた、否彼なればこそ――この意味においては、決して無用なものではない。何となならば、企業家もまた、否、企業家こそは、——商工業企業家は、農業の季節性に拘束されている農業企業家以上に——彼の経営に縛りつけられているもので、用無しなものではないからである。極く僅かな時間でも、経営を妨げられることは、彼にとって極めて苦痛である。例えば医者のようなものも同様である。彼が有名であり、忙しくなればなるほど、それだけ仕事から身を外すことは困難となる。弁護士は、純経営技術的理由からでも、比較的仕事から身を外し易い。——それで、弁護士は職業政治家としても、非常に大きな、いわば支配的役割を演じて来たのである。吾々は、この決疑論をこれ以上追究せず、二三の結論を明らかにしておこう。(語の経済的意味において)専ら政治のために生き、政治によって生活を樹てないような人々による国家または政党の指導は、必然的に、政治的指導者層の「金権政治的」編成を意味する。そういったからとて、その逆は成立しない。こういう金権政治的指導は、同時にまた、政治的支配層が、政治に「よって」生活しようと試ることはないということ、従って、己の政治的支配権を己の私的経済的利益のために利用しないのが普通であるということは、言われない。勿論、この点については問題はない。こういうことをしないような支配層は、未だ曽て存在しなかったのである。このことは、職業政治家は、彼らの政治上の仕事と引換えに、直接に報酬を求める必要がないということを意味するに過ぎない。――すべての無資力者はかかる報酬を直ちに要求せねばならないのであるが。且つ他方において、それは、無資産の政治家は己の私経済的配慮のみを心掛けるとか、或は私経済的配慮に主力を注ぐとかして、「仕事のこと」は考えないとか、或は仕事に主力を注がないとかいうことを意味するのではない。こういう考えより、誤った考えはなかろう。経験上、資力のある人にとっては、自己の生存を経済的に「確保せん」とする配慮が、――意識的に或は無意識的に――彼の全生活の方向を決定する基点となっている。右顧左眄する所なく、何らの前提をも置かない政治的理想主義は、専らではないにしても、少くとも正に、無資産の結果、特定の社会秩序の維持に努めない所の階層の中に見出される。それは特に異常な時代、即ち革命期に見られる所である。そうではなくて、このことは、非金権政治的に集められた政治家連、即ち指導者とその手下は、政治を営むことによって、規則的な確実な収入が彼らに流入するという自明な前提に拘束されていることを意味するに過ぎない。政治は、「名誉職的に」――、その場合には普通いわれているように「独立的な」人々、即ち資産家、就中レントナーによって行われるが、――行われるか、然らざれば、無産者にも政治の遂行が許されているかのいずれかである。後の場合には、報酬が支払われなければならない。政治によって生活を樹てる職業政治家は、純粋の「受禄者」であることもあるし、または有給「官吏」であることもある。その場合には、彼は、特定の仕事に対する報酬や手当から収入を得るか、——心付けとか収賄は、この種の収入の不規則な、形式上非合法的な変種たるに過ぎない。——或は、実物もしくは金銭による固定給を受取るか、或は両者を同時に獲得する。彼は「企業家」の性格を帯びることがあり得る。昔の傭将、借官者、買官者のような者や、支出をば、己の勢力の利用によって収益をもたらさしむる所の投資のように考えている所のアメリカのボスのような者がこれに該当する。彼はまた、新聞の主筆、政党の書記、現代の大臣、政治的官吏などのように、固定給を受取ることもあり得る。昔は、采邑とか、封地とか、各種の扶持とかが、次いで貨幣経済が発展するに及んで、特に手当扶持が、君主、戦争に捷《か》った征服者、成功した党首などが、彼らの手下に与えた所の典型的報酬であった。今日において、政党の指導者が、忠実な勤務の報酬として与える所のものは、政党、新聞、労働組合、疾病掛金会、地方自治体及び国家における各種の官職である。政党の争いは、必ずしも、本質的目的をめぐる闘争ではなく、むしろ、特に、官職任命権の獲得をめぐる闘争である。ドイツにおける地方分権運動と中央集権運動との間の闘争は、就中、どの権力が官職の任命権を獲得するか、ベルリンの権力か、ミュンヘンか、カールスルーエか、ドレスデンかの問題をめぐって行われている。官職に携ることを軽視することは、政党にとって、本質的目的に違背するよりも遥かに痛手である。フランスにおける各県知事の政党政治的追放は、いつも大きな変革と考えられ、政府案の修正以上の騒動を惹き起した。知事任命の問題に比べれば、政府案などは、ほんの言語上の意味しか持たなかったのである。多くの政党、特にアメリカの政党は、憲法の解釈に関する古き対立が消滅して以来、投票獲得の見込に従って実質的政綱を変更する所の純粋な猟官的政党となった。スペインでは、近年に到るまで、上から作られた「選挙」の形において、二大政党は、伝統的に確立した順番で交互に、政権を執り、党員に官職を与えていた。スペインの植民地においては、所謂「選挙」並に所謂「革命」の起る毎に、常に、勝利者が餌として欲しがっている五斗米が問題となっている。スイスの政党は、比例制に従って、官職を平和に分け合っている。ドイツの「革命的」憲法案の多くのもの、例えば最初にバーデンのために作成された憲法案の如きは、この制度を大臣の職にまで及そうとするもので、従って国家及びその官職を、全くの手当支給機関として取扱ったのである。就中、中央党は熱狂的にこの案を主張し、バーデンにおいては、官職の宗派別比例分配制――従って各人の能力とは無関係に――をその綱領とした。官僚主義の普及した結果として、官職の数が増加し、特に、確実な衣食の方法として官職を得ようとする欲求が増すにつれて、こういう傾向は、すべての政党において、ますます激しくなった。政党は、党員の生活の糧を得るという目的に対する手段と化しつつある。

ところで、かかる政党政治家に対立するものは、現代の官僚が、それぞれの特殊部門において、長年の予備教育に依って専門的訓練を受け、高度に熟練した精神的労働者にまで進歩したという事実である。これらの専門的官僚は、廉直のために高度に発達した身分的誇りを持っている。彼らがいなかったならば、怖るべき崩壊と卑俗な低劣さに陥る危険が、運命として吾々の上に漂ったことであろうし、――特に社会化の進行しつつある今日、経済に対する重要性を増加し、今後も増加し続けるであろう所の――国家機関の純技術的作用を阻害したことであろう。分捕政治家の素人行政の結果として、合衆国では、大統領選挙の結果如何によって数十万の官吏は、下は郵便配達に至るまで、更迭せしめられ、終身的職業官吏は認めなかった。が、それは疾くに文官制改革によって打破られている。避くべからざる純技術的な行政上の必要が、かかる進歩の前提であった。ヨーロッパでは、分業的専門官僚は、五百年に亙る発展の中に漸次に発生したのである。イタリアの諸都市やヴェニスの共和政府は、君主国家からノルマン的征服者国家へ移る端緒であった。君主の財政においては決定的な処置が講ぜられた。マキシミリアン帝の行政改革を見ても、――極度の難局とトルコの支配の圧力の下においてさえ、――官吏がこの領域において領主の権力を奪うことに成功するのには如何に困難であったかを看取し得る。この領域においては、その当時は、まだ特に騎士であった所の支配者の素人芸に甘んずることは殆ど出来なかったのであるが。戦術の進歩は、専門的将校出現の原因となり、訴訟手続の精密化は、専門的法律家を出現せしむる原因となった。これら三つの領域において、専門的官吏が決定的勝利を収むるに至ったのは、比較的進歩した国々では、十六世紀のことであった。かくて、門閥に対する君主の専制政治が出現すると同時に、君主の独裁権を徐々に専門的官吏に譲り渡すことが行われた。君主は、こういう専門的官吏に依って初めて、門閥に対して勝利を博することが出来たのである。

専門的訓練を受けた官僚の出現と同時に――もっとも極めて目に立たない動きでは

あったけれども――「指導的政治家」も発達し始めた。勿論、こういう事実上君主に対して決定的勢力のある助言者は、世界中到る処に昔から存在していた。東洋では、サルタンをなるべく政治の結果に対する個人的責任から解放したいという欲求から、「宰相」という典型的人物が現れた。西洋では特に専門的外交官の間で熱心に読まれていたヴェニス公使派遣報告の影響を受けてカール五世の時代に――マキャヴェリの時代に――外交術が、最初に意識的に学ばれる技術となったが、外交術に通じた人々は大抵人文主義的教養を持ち、お互に教養ある練達者階級として待遇されていた。これは、最後の分立国家時代の支那における人文主義的政治家と似ている。国内政治を含めて、全体の政治を指導的政治家によって形式上統一的に指導する必要は、国家組織の発達によって初めて、決定的に且つ強制的に、生ずるに至ったのである。勿論、それ以前にも、こういう人物は、相談役として、或はむしろ――実質的には――君主の指導者として、いつの世にも存在した。だが、官庁の組織は、非常に進歩していた国々においても、最初はこれとは別な途を辿ったのである。合議制の最高行政官庁が成立した。会議は、理論上も、――漸次に減ってはいったが――実際上も、君主自ら議長となって、これを執り行い、君主が決定を下した。かかる合議的制度は、意見及びそれに対する反対意見の開陳を行わしめ、且つ多数派と少数派をして理由付投票を行わしむるに至った。ところで、ますます素人の状態に陥りつつあった君主は、かかる合議制度の採用に依り、且つ、自ら政府の最高官庁と相並んで、純個人的に信任の厚い人々――「内閣」――を左右に侍らせ、これらの人々を通じて、枢密院――その他の最高国家官庁――の決議に対し決定を下すことに依って、不可避的に増加しつつあった所の、専門的訓練を受けた官吏の勢力から免れようとし、最高の指導権を握ろうと試みた。こういう専門的官吏と独裁制との潜在的闘争は、何処にも存在していた。議会と政党の指導者たちの権力渇望に相対するに及んで、漸《ようや》く事情は一変した。が、それにも拘らず、極めて種々様々な条件は、外面的には前と同じような結果を惹き起した。もっとも多少は異っていたが、さて、王朝が実権を掌握した場合には、常に、――特にドイツでは――君主の利害は官僚の利害と連帯的に結びつき、議会及びその権力要求に対抗した。官吏は、指導的地位、従って大臣の職もまた、官僚群によって占められることを欲し、従ってそれらの地位が官吏の昇進の対象となることに関心を懐いていた。君主自身は、王に服従した官吏の中から、自分の欲するがままに、大臣を任命することに関心を持っていた。ところで両者は、政治的指導が議会に対して統一的全体的に対立すること、即ち合議制に代り得るに統一的な内閣の首班を設置することに関心を懐いていた。その上に君主は、純形式的に政党の闘争と政党の攻撃から免れるために、補弼《ほひつ》の任に当るべき人物、即ち議会に対し答弁を行い、議会に対抗し、政党と交渉を行うような人物を、早くも必要とした。これらすべての利害関係は、ここにおいて同じ方向に作用し、統一的指導を行う官僚大臣が発生するに至ったのである。イギリスのように議会が君主に対して優越権を獲得したような場合には、議会の権力の発展は一層統一化の方向に働いた。ここでは、議会の統一的指導者たる党首を先頭に戴く「内閣」が発達した。この内閣は、法律上の公認は受けなかったが、実際に政治上決定的な勢力を持つ多数党の委員会たる性質を帯びていた。政府の合議制団体自身は、実際上の支配勢力たる政党の機関ではなかった。従って、実際の施政の担当者となることは出来なかった。むしろ、支配的政党は、対内的に強力を主張し、対外的には偉大な政治を営むことが出来るようにと、党の実際の指導的人物のみから成り立って、隔意なく相談の出来るような強力な機関、つまり内閣を必要とし、更に、公衆、特に議会の公衆に対しては、すべての決定に対して責任を取るような指導者、即ち首相を必要としたのである。次に、このイギリスの制度は、議会主義的内閣制度の形で大陸に継受された。そして、アメリカとアメリカの影響を受けた民主主義諸国においてのみ、イギリスとは全く種類の違った制度が存在することになった。この制度に従えば、選挙に勝った政党から選ばれた指導者は、直接国民投票によって、彼の任命に係る官庁組織の先頭に置かれ、予算の決定と立法の際にのみ、議会の協賛を要するものとされた。

さて、政治が権力闘争戦とその戦術における熟練を必要とするような一つの「事業」にまで発展して、現代の政党政治を発達せしめるようになると、これが原因となって、公共の職に携る人々は、厳重ではないが、はっきりと区別される二つの範疇、即ち、一方に専門的官吏、他方に「政治的官吏」という二つの範疇に分けられる。語本来の意味における「政治的」官吏は、常に任意に転任を命ぜられ、或は罷免され、或は「休職」を命ぜられることさえあるという事実によって、外面的にも、普通に容易に見分けのつくものである。例えば、フランスの知事、その他の諸国におけるこれと同様な官吏の如きであって、裁判上の事務に携る官吏が「独立性」を有することと厳重に対立している。イギリスでは、固い慣習に従い議会における多数党の変る毎に、即ち内閣の変る毎に、退官するような官吏がこれに属している。特に、一般「内政」

の配慮をその権限内に持つ所の官吏は、通常、これに数えられる。その「政治的」要素は、就中、国内の「秩序」を維持すべき任務、従って現存の支配関係を維持すべき任務を持つ点にある。プロイセンでは、プットカーメルの布告によって、こういう政治的官吏は、処分されるのがいやだと思う場合には、「政府の政策を代弁する」義務を負い、フランスの知事と同じように、政府の道具として選挙の干渉に使われた。ドイツの制度に従えば、——他の国とは異って——大抵の「政治的」官吏が、これらの官職に就くためには、大学の研究、専門試験、一定の見習勤務という過程を経なければならなかった。その限りにおいて、彼は、その他の官吏と共通な性質を持っていた。吾が国において、かかる現代の専門的官僚に特有な標識を必要としないものは、行政機構の長官たる各省大臣だけである。既に旧政体の時代において、自ら高等教育を受けなくとも、プロイセンの文部大臣になることが出来た。ところが、参事官になるためには、規定の試験を受けなければならなかったのであるが。専門的訓練を受けた局長や参事官は——例えば、プロイセンの文部省のアルトホフのように——自分の専門の本来の技術的問題について、勿論長官よりも、比べものにならないほど、精通していた。イギリスでもこれと変りはなかった。局長や参事官は、だから、日常の要求にとってもまた、長官より大きな権力を持っていた。これはそれ自体決して矛盾した事柄ではない。大臣は、つまり、政治的権力的地位の代表者であって、この権力の懐く政治的規矩を代表し、この規矩によって彼の部下たる専門的官吏の提案を検討し、或は彼らに適当な政治的訓令を与えたりしなければならなかったのである。

個人の経済経営においても、全く同様である。本来の「君主」たる株主総会は、経営の遂行に当って、専門的官吏の支配を受ける「国民」と同様に、勢力を持っていない。且つ経営の政策を決める人格、即ち銀行の支配下にある「取締役」は、経済上の訓令を与え、経営者を選ぶだけで、自ら経営を技術的に指導することは出来ない。この限りにおいては、今日の革命国家とても、根本的革新を意味するものではない。今日の革命国家では、ずぶの素人が、ただ機関銃を持っているということだけで、行政権を掌握し、専門的訓練を受けた官吏を執務機関として使用しているに過ぎない。今日の制度の困難は、これとは別な点に存する。しかし、今日はこの点に関説しまい。

むしろ吾々は「指導者」とその手下という職業政治家の典型的特質を問題にしようと思う。この特質は、種々変遷を重ねて来たが、今日においても多種多様である。

過去の「職業政治家」は、既に見たように、君主と門閥との争いの過程において君主に仕えながら、発達したものである。簡単に彼らの主な類型を一瞥して見よう。

君主は門閥に対抗するために、政治的に利用し得るような非門閥的性質の階層に依頼した。インド、インドシナ、仏教国たる支那と日本、ラマ教国たる蒙古では、中世のキリスト教諸国と同じように、僧侶が用いられた。技術的に彼らが文字に精通していたためである。バラモン、仏教僧、ラマ僧は、何処ででも政治上の助言者として招聘され、キリスト教の僧侶、祠官は政治顧問に使用されていた。これは、文字に精通した行政上の参謀を獲得し、皇帝、君主または汗《カン》が貴族と闘争する際に、これを使用することが出来るとの観点に依るものであった。僧侶、殊に無妻僧侶は、日常の政治的経済の利害活動の外にあって、封建臣下のように自分の子孫のために、君主に対抗して自己の政治的権力を追求しようなどとしなかった。彼は、固有な身分上の性質によって、君主の与える禄とか分領とかの行政手段から「切離さ」れていたのである。

この種の第二の階層は、人文主義的教養を持つ文学者であった。かつて、政治上の助言者になる目的で、就中、君主の治績の編纂官となる目的で、ラテン文やギリシア語の作詩を学んだ時代があった。それは、古典主義学校や王立「詩学」教授所が最初に繁栄した時代であった。ドイツでは、この時代はほんの束の間に過ぎなかった。この時代は、後々まで、ドイツの学校制度に影響を残したとはいうものの、勿論政治上は深い影響を与えなかったのである。極東においては事情は異っている。支那の官吏は、元来、吾が文芸復興期の人文主義者——即ち、昔の典籍に関し人文主義的教養を持ち、且つ一定の試験に及第した文学者——に似ている。否、むしろ過去において似ていたのであった。諸君が李鴻章《りこうしょう》の日記をお読みになるならば、彼もなお、自ら詩を詠み、書を能くしたことを非常に誇りとしていたことがお分りになるだろう。支那の運命全体を決定したのは、支那の古代に発達した習俗を墨守していたこれらの人々であった。欧洲の人文主義者も、その当時、これと同様な成果を挙げる見込を少しでも持っていようものなら、吾々の運命も支那と同じようになったことであろう。

第三の階層は、宮廷貴族であった。貴族の身分上並に政治上の権力を奪うのに成功した後で、君主は貴族を宮中に召寄せ、政治外交の役に当らせた。十七世紀に行われた吾が教育制度の急激な変革は、人文主義文学者の代りに、宮廷貴族的職業政治家が君主に仕えるようになったことにも由来している。

第四の種類は、イギリス特有の小貴族と都市のレントナーを含む門閥家、術語では「上流社会」と名づけられたものである。これは元来君主が貴族に対抗するために召抱え、「自治」職に就かしめたもので、その後、ますます君主の信任厚きを加うるに至った階層である。この階層は、自己の社会的勢力を拡張するために、無料で地方行政の官職を一手に引受け、これを占有するに至ったのである。この階層は、イギリスを、すべての大陸諸国の運命であった政治化から護ったのであった。

第五の階層は、西洋就中ヨーロッパ大陸に特有なもので、ヨーロッパの全政治機構に決定的な意味を持っていた所のもの、即ち大学教育を受けた法律家であった。官僚主義的後期ローマ国家によって改正を加えられた所のローマ法は、後世に大きな影響を及した。この影響の最も顕著なるものは、合理的国家への発展という意味の政治機構の変革が、何処の国でも教養ある法律家によって行われたという事実である。イギリスでは、国粋的な法律家の諸党派によってローマ法の継受が妨げられていたとはいうものの、やはり事情は同じであった。世界の他の地方には、これに似た法律思想は存在しない。インドのミマムサ派には、合理的法律的思惟の萌芽が見受けられ、回教では、古代の法律的思惟の研究が継続されていたが、神学的思惟形式に捉われ、合理的法律的思惟がこれによって隠蔽されるのを妨げるわけにはいかなかった。就中訴訟手続は完全には合理化されていなかった。イタリアの法学者によって古代ローマ法が継受され、中世末期のローマ法学者及び寺院法学者の「近代の慣習」、並に法律思想及びキリスト教思想から生れ、後に世俗化されるに至った自然法論が盛んになるに至って、はじめて合理的法律思想が成立した。ところで、この古代ローマ法たるや、都市国家から世界支配にまで発展したる、全く独特な政治組織の所産なのである。斯の如き法律上の合理主義の偉大な代表者は、国王の権力により封建領主の支配を覆滅するための形式的手段を作り出した所の、イタリア中世の法官、フランスの王室法官、寺院法学者、教議会主義の自然法的神学者、大陸諸国の君主に仕えた宮廷法律家や学識ある裁判官、オランダ自然法学者、絶対王制排撃論者、イギリスの王室法官、議会法官、フランス議会の法官貴族、最後には革命時代の弁護士等であった。法律的合理主義なくしては絶対国家の成立も、革命も考えられない。もしも諸君が十六世紀から一七八九年に至る間のフランス議会の建言書やフランス等族会議の上奏書に眼を通されるならば、諸君は随処に、法律家的精神を見出されることであろう。更に諸君がフランス国民議会の議員の職業所属を仔細にお調べになるならば、そこには――平等な選挙権によって選ばれたのであるが、――プロレタリアは唯一人、しか存在せず、ブルジョア的企業家も極く僅かしかいないが、これに反して各種の法律家は多数存在したことがお分りになるだろう。これらの法律家なくしては、急進的知識階級及び彼らの計画に魂を吹込んだ所の独特な精神は全く考えられない。近代の弁護士と近代の民主政治とは、それ以来、直接に互に密接な関係を保って来た。独立的階層をなしている所の、吾々の意味における弁護士は、やはり、中世この方、西洋にのみ存在したもので、訴訟の合理化の影響の下に、形式主義的ゲルマン的訴訟手続の「代言人」から発達したものであった。

政党の出現以来、西洋の政治において弁護士が重要な地位を占むるに至ったことは偶然でない。政党による政治の経営は、利害関係者の経営に他ならない。――これは何を意味するものなるかについてはやがて述べるであろう。利害関係者に対して事件を有利に処理することは熟練した弁護士の仕事である。彼はこの点において――このことは、敵意ある宣伝の効果を吾々に教えることが出来たが――すべての「官吏」に優っている。勿論、彼は、論理上薄弱な論拠に基いたこの意味で「悪い」事件を、それにも拘らず勝つように、即ち専門家諸君でいえば「よく」処理することが出来る。けれどもまた、論理上「強力」な論拠に基ける、この意味で「よい」事件を勝つように、即ちこの意味で「よく」処理出来るのも、弁護士だけである。政治家としての官吏は、技術的な「拙い」操作によって、前述の意味における「よい」事件を「悪い事件」にしてしまうことが余りにも屢々《しばしば》ある。――吾々はかかる事実を体験しなければならなかった。蓋《けだ》し、今日の政治は、極度に公衆の中に出て演説、文書等の手段によって行われるようになってしまったからである。演説や文書の効果を秤量することは、弁護士の固有の仕事の範囲に属するもので、煽動家でもなく、また、その目的上そうであってはならぬ所の官吏の仕事ではない。それにも拘らず、官吏が煽動家になろうと企てる場合には、極く拙い煽動家になるのが常である。

真の官吏――それは、吾が国の旧政体を評価する場合には極めて重要だが――は、本来の職務上、政治を行うべきではなく、何を措いても先ず、党派に捉われず、公平に「行政を行う」べきである。「レーゾン・デタ」即ち支配的秩序の生活利害が、問題にされぬ限りにおいて、このことは、少くとも公には、所謂「政治的」行政官吏にも妥当する。忿怒と偏執なく、即ち「憤慨したり、何かたくらむところがあったりなどしないで」、官吏は己の職を司らなければならぬ。従って、彼は、指導者たるとその手下たるとを問わず、政治家が、必然的に常にせねばならぬこと、即ち闘争を行ってはならぬ。蓋し、徒党、闘争、熱狂――憤慨とたくらみ――は、政治家の本領なのであるから。就中、政治的指導者の本領なのであるから。政治家の行為は、官吏とは全く別な、正反対の責任原則の下に立っている。官吏の誇りとする所は、――自分の考えに反して――上司が、自分には間違っているように見える命令を固執する場合にも、命令者の責任において良心的に、しかもかかる命令があたかも自分の確信する所と一致しているかのように、該命令を正確に執行する能力を持つことである。こういう極めて高い意味の道徳的規律と滅私の精神がないとするならば、全行政機構は瓦解することであろう。これに反して、政治上の指導者たる政治家の誇りは、自分の行為に対する責任を、専ら一身に引受けることである。彼はかかる責任を拒否したり、転嫁したりすることも出来ないし、また、してはならぬ。道徳的に優れた官吏こそ、悪しき政治家である。就中、政治的意味における無責任な、かかる意味において道徳的に劣った政治家である。――こういう官吏は、残念ながら、指導的地位にある人々の中に再三再四見出された。「官僚政治」と呼ばれるものが、即ちこれである。従って、吾々が、結果から判断して、この制度の政治上誤てる点を暴露しても、実際に吾が官僚の名誉に汚点をつけることにはならない。さて、吾々はもう一度、政治的人物のいろいろな類型の考察に戻ろう。

「煽動家」は、立憲国の成立以来、特に民主制が成立して以来、西洋における指導的政治家の典型となっている。この言葉の持つ不快な後味は、この名前を最初につけられたのは、クレオンではなくてペリクレスであったということを常に想起させる。官職に就かなかったり、或は――抽籤によって任ぜられる古代民主制の官職と異って――選挙による唯一つの官職たる上将に任ぜられたりして、彼はアテネ市民の独裁的民会を指導したのである。現代の民衆の煽動には、やはり演説が用いられている。現代の候補者が行う選挙演説を想起すれば、量的にはかなり広く用いられていることが分るだろう。だが、効果の残るのはやはり印刷文書の使用である。政治評論家特に新聞記者は、この種の今日における最も重要な代表者である。

この講演の範囲内では、現代の新聞記者稼業に関する社会学を極く簡単にスケッチすることも、全く不可能である。そのためには、何の点から考えても、独立の一章を要するだろう。ここで無条件にお話するのはほんの一部だけである。新聞記者は、煽動家及び――イギリスとそれ以前のプロイセンの状態とは異るが、少くとも大陸では――弁護士（及び芸術家）と運命を共にしている。即ち彼らは一定の社会的分類を欠いている。新聞記者は一種の賤民に数えられ、「社会」において、常に道徳上最下等な代表者によって一般に評価されている。従って、新聞記者及び彼らの仕事については、極めて奇妙な考え方が広く行われている。実際に優れた新聞記者の仕事は、――就中、言い付けられれば直ちに執筆し、且つ全く異った執筆条件の下で直ちに働かねばならぬ必要の結果として――少くも、学者の仕事と同じだけの「知力」を必要とするという事実は、必ずしもすべての人の思浮ぶ所ではない。学者より遥かに責任が重いこと、且つまた、名誉ある記者の責任感は、一般に決して学者に劣れるものでなく、大戦によって教えられたように、かえって優れているものであることは、殆ど認められていない。蓋し、往々にして恐ろしい結果を惹起することのある無責任な記者の仕事だけが、当然のことながら、人々の念頭に残っているからである。しかのみならず、有能な記者の慎重さは、一般に他の人々よりも優れているなどとは誰も考えない。しかし、実際はやはり、そうなのである。この職業に伴う全く他と比べものにならぬほど困難な誘惑や、現代における新聞記者のその他の活動条件は、大衆をして、新聞を、軽蔑と――惨しい臆病との混合した気持で眺める習慣をつけさせるに至った諸々の結果を生み出している。今日は、それに対して如何なる処置を講ずべきかについては話さない。ここで吾々に興味のあるのは、新聞記者業の持つ政治的運命、即ち政治的指導者の地位を得る見込如何の問題である。今まで、かかる見込は、社会民主党においてのみ有望であった。だが、彼らの中にあっても、主筆の地位は著しく官吏の地位の如き性質を帯び、指導者の地位の基礎とはならなかった。

ブルジョア政党においては、前の世代に比べれば、こういう方法に依って政治的権力を握る見込は、大体においてむしろ悪くなっていた。固より、勢力のある政治家は皆、新聞の勢力を利用し従って新聞界と関係を必要とした。けれども、新聞界から政党の指導者が出たなどということは――かかることは期待されないことだが、――全くの例外であった。その理由は、新聞記者、就中、無資産の、従って職業に縛られている新聞記者は、新聞事業の強度と活動性が著しく増加したために、ますます「仕事をはずせなくなった」からである。毎日或は毎週、論説を書いて営利を営まなければならぬなどということは、政治家の足枷になるものだ。私は、そのために指導者が絶えず権力の上昇において、外面的には勿論、就中、内面的に麻痺せしめられた沢山の例を知っている。旧政体時代における新聞と国家及び政党の支配勢力との関係が、ジャーナリズムの高さを著しく損ねたことについて述べるには、独立な一章を要するであろう。これらの事情は敵国ではこれと異っている。だが、そこでも、且つ現代のすべての国家にとっても、次の命題は妥当するように思われる。記者稼業に携る者はますます政治的勢力を喪い、資本主義的新聞王――ノスクリフ「卿」のような――はますます政治的勢力を獲得すると。

吾が国では確かに今までのところ、就中、Blätter mit "kleinen Anzeigen" "Generalanzeiger" を占めていたような資本主義的大新聞コンツェルンは、概して、政治的中立主義の典型的培養者であった。蓋し、独立的政治によっては少しも儲からない、殊に業務上有利な政治的支配権者の好意は得られないからである。広告業はまた、大戦の最中に人々が、新聞の政治的介入を大規模に試みた方法で、且つ恐らく今日においても続行せんとしている所の方法である。大新聞はかかる状態から脱することが期待されるとしても、弱小新聞の事情はやはり遥かに困難である。しかしながら兎に角、現代のドイツでは、新聞記者的経歴は、その他の点で如何なる刺戟を持っていようと、如何なる程度の勢力及び活動力、特に政治的責任をもたらそうとも、政治的指導者へ昇進する正常な道ではない。――過去においてそれが正常的な道であったか、或は将来においてそうなるかどうかは、容易に判定出来ないだろうが。多くの新聞記者――必ずしもすべてのものではないが――が正当と考えている匿名原則の問題がその点に幾分の変更を来たさしめるかどうかは容易に決められない。大戦中ドイツの新聞界において、文筆的才能のある人を特に募集し、その際、常にはっきりと名前を発表し、新聞の「指導」に当らせたことがあるが、この経験の結果は、二三の周知の場合において、かかる方法では、遺憾ながら人々の考えるほど確実に高い責任感は養われない事実を示した。このようにして、販売の増加を追求し、これに成功したのは、どの党派などという区別はなく——一部は、正に周知のような俗悪な街頭新聞であった。これに従事した紳士たちたる、発行者や場当り記者は資産を獲得した。——勿論、名誉は得なかったが。勿論こう言ったからとて、何もこの原則に反対するというのではない。問題は非常に複雑しているから、前に述べたような現象は一般に妥当するとはいわない。しかし、今までのところそれは真の指導者層もしくは責任ある政治の経営に達する道ではなかったのである。這般の事情は将来どう変って行くかは、待ってみなければ解らぬ。しかし、如何なる事情の下においても、新聞記者の経歴は、依然として、職業的政治活動の最も重要な道の一つであることに変りはない。だが、それはすべての人に適当な道ではない。弱い性格の人、殊に自分の身分的地位が確保されている場合にのみ、内的平衡を保つことの出来るような人々にとっては、最も不適当である。若い学徒の生活は危険に曝されているとしても、やはり彼の廻りには確乎たる身分的因習が作られ、彼の脱線を防いでいる。が、新聞記者の生活は、あらゆる点において危険そのものである。しかも、他の地位では殆ど見られないような方法で内的確信が試煉を受ける所の種々な条件の下に置かれている。職業生活において屢々遭遇するような苦い経験は恐らく極く悪いことでさえあるまい。成功した新聞記者こそ、特に困難な内的要求を課されるのである。世間の権力者の社交室の中では、一見対等で、しかも恐れられている故に屢々一般に諂《へつら》われつつ交際されるが、その家を辞するか辞さない中に、主人は多分彼が「新聞ゴロ」と交際したことに対し、彼の客に特に弁解せねばならぬかも知れぬなどという実情を知ることは決して詰らぬことではない。――絶対的な浅薄さに陥らないばかりでなく、就中、自己暴露の下品さとその仮借なき結果に陥ることなく、「市場」の要望する所のすべての問題、ありとあらゆる生活の問題について、迅速に且つ確信的に意見を発表しなければならないということは、ますます詰らぬことではない。人間的に常軌を逸した、品性の下落した新聞記者が沢山いるということは、驚くべきことではない。むしろ、これらすべての事情にも拘らず、この新聞記者の中にこそ、第三者には容易に解らぬほどの極めて多数の、価値ある純粋な人間が存在している事実こそ、驚くべきことである。

職業政治家の型としての新聞記者は、かなり古い昔にまで遡るが、党吏なる姿は、僅々この数十年、部分的には僅かこの数年の発達に属するものである。党吏の発展史上の地位を理解するために、吾々は政党制度と政党組織の観察に向わなければならない。

小さな地方的州の区域及びその問題の範囲を超えた政治的団体にして、実権者を定期的に選挙するものにおいては、政治的工作即ち利害関係者の工作が必要である。即ち、政治生活、従って政権の獲得に第一義的に関心を持った比較的少数の人々が、自由に手下を募集して、自分で立候補し、または自分の子分に立候補させ、資金を蒐めて投票の獲得を企てるのである。大きな団体では、こういう工作を行わずに選挙が実質的に成立するようなことは殆どない。実際において、かかる工作は、国民有権者を政治上積極的な要素と、政治上消極的な要素とに分裂させることを意味する。この区別は自由意思に基いて行われるものであるから、選挙義務制、「職能」代表制、その他の、こういう事情に、従って職業政治家の支配に公然ともしくは事実上反対するような諸提議によって取除かれるものでない。幹部連とその手下は、党首の選挙のために、己の手下並に（手下を通じて）消極的選挙層を獲得する積極的要素であって、すべての政党に必要な生活要素である。ところで、指導幹部連とその手下の機構は、種々様々である。例えば、ローマ法王党や皇帝党のような中世都市の「党派」は、全く個人的な手下であった。Statuta della perta Guelfa や貴族《ノビリー》――即ち、元来騎士として生活し、従って采邑を持っていた家門をいう――の財産没収、官職及び選挙権の剝奪、各地方間の党委員会、厳格な軍隊組織及びその密告に対する褒美等を眺める場合には、あたかもボルシェヴィズムを想起せしめる感がある。ボルシェヴィズムに伴うものは、労農委員会、厳格な軍隊組織及び――特にロシアでは――密偵組織、並に「ブルジョア」即ち企業家、商人、レントナー、僧侶、王室、警察官等の武装解除、政治的公権の剝奪並に彼らの財産の没収であった。ところで一方、曩《さき》の党の軍隊組織は、名簿に依って編成された純粋の騎士軍であって、貴族が殆どすべての指導的地位を占めていた。だが他方、労農委員会は、自ら高給企業者、出来高賃銀制、テイラーシステム、軍規、工場の規律等を捨てずに、否むしろ再び採用し、且つ外国資本を求め、一言にしていえば、国家と経済を運転せしめるために、自らブルジョア的階級施設として攻撃してきた種々な物を再び承認しなければならなかった。否、それればかりではなく、労農委員会は旧警察員《オハラナ》を再び国家権力の主要機関として使用するに至った。これらの事実を対照すれば、両者の類似点は更に一層驚くべきほどである。しかし、吾々はかような権力組織を問題としているのではない。吾々の問題とするのは、選挙場裡における政党の平凡な「平和的」選挙運動によって、権力を獲得しようと努力する所の職業政治家である。

こういう吾々が普通に使っている意味の政党も、最初は——例えばイギリス——純然たる貴族の手下であった。何かの理由で一人の貴族が政党を換えると、彼につき随っていた人々は皆同じように反対党に走った。国王初め多くの貴族等は、選挙法改正に至るまでは沢山の選挙区を後楯に持っていた。市民階級の擡頭と共に各地に発達した名望家の政党は、こういう貴族の政党とよく似ている。「教養と資産」を持つ人々は、西洋の典型的知識階級の精神的指導の下に、階級的利益や、門閥の伝統や、純イデオロギー的理由から、種々の党派に分裂し、彼ら自ら党を主宰した。僧侶、教師、教授、弁護士、医師、薬剤師、富裕な農民、製造工業家——イギリスで紳士に数えられているすべての人々——は、最初に臨時的団体を作った。多分初めは地方的な政治クラブだったろう。激動期には、小市民階級もこれに参加し、指導者が現れた時には無産階級の参加を見たことも屢々あった。――もっとも無産者の指導者は無産者の間から出たのではないが。この段階では、未だ永続的団体として各地方の範囲を超えて各地方を通じた組織を有する政党は存在しなかった。団体を作ったのは議員のみであった。候補者の推薦を決定したのは地方の名望家である。政綱は候補者の選挙演説から生れたり、或は名望家の集会や議会の政党の決議に倣って作成される。クラブの指導や、クラブのない場合には（大抵はない場合が多いが）平常絶えず政治に関心を払っている人々による全く無形式な政治的事業は、臨時的仕事として、兼職的に或は名誉職的に行われた。唯々新聞記者だけが有給職業政治家であり、新聞業だけが継続的な政治的事業のすべてであった。それと並んで、僅かに議会があるに過ぎない。議員や政党の領袖は、政治的の活動を行おうとする場合に、何処の地方の名望家に依頼すべきかを心得ていた。だが、適当な会費を徴集し、定期的に会合を催し、代議士の報告のために公開の会合を開くような政党は、大都市にのみ常置的に存在した。これらの団体は選挙期においてのみ活動をしたに過ぎない。

各地方間の選挙協定の可能性、広く全国に亙って承認された統一的政綱と全国的統一的煽動の効果、――議会人がこの点に関心を払ったのが、動機となって、政党の合同はますます緊密の度を加えた。しかし、地方的政党連合の網は、中都会に拡がり、それと並んで「腹心の人々」——中央の幹部たる政党員と絶えず交渉を持っていた——によって田舎にまで拡げられたが、政党組織の性質が依然として名望家の団体であることには変りなかった。中央の本部以外には未だ有給の党員は存在しない。専ら「名望」家が、平常受けている名声のために、地方の団体を指導している。彼らは所謂議会外の「名望家」で、かつて議席を持ったことのある代議士から成る政治的名望家連と相並んで勢力を持っている。地方の集会や新聞に精神的な喰い物をやる必要から、政党発行の党の機関紙は増加しつつあった。一定の会費が必要欠くべからざるものとなる。その一部は中央の費用に役立たねばならない。ドイツにおける大部分の政党組織は、つい先頃まで、こういった段階にあったのである。そればかりか、フランスでは、部分的にはまだ第一の段階が支配的であった。即ちフランスでは、議員の団結は極めて弛やかで、地方には少数の地方的名望家が存在するに過ぎない。更に、その綱領は、多かれ少かれ議員の決議とその政綱に地方の特殊性の考慮を加味しているというものの、実は候補者もしくはその後援者たちの手で個々の選挙運動に当って作成されたに過ぎなかった。かかる制度は漸く部分的に破られていった。当時は本業的政治家の数は少く、彼らは主に当選代議士、中央本部の若干の職員、新聞記者及び――フランスでは――その他に、政治的官職に携っているかもしくは現在こういう職を求めている所の猟官連から成り立っていた。政治は、形式上からいえば著しく副業的性質を帯びていた。「大臣格の」議員は極く少数に限られていたが、選挙の候補者も、名望家の性質を持っていたため、やはり極く少数に限られていた。しかし、間接に政治的事業に関係していた人、就中、物質的にこれに関係していた人々の数は非常に多かった。蓋し、各省の処分、就中、人事問題の裁決は、それが選挙の見込に及す影響の問題と相関連してのみ行われ、且つ各種の願望を遂げようとすれば、一々地方議員の手を通じなければならないからであった。大臣は多数党に属しているが、――だから誰でも多数党に属しようとするのだが――良かれ悪しかれ地方の議員のいうことを聴かなければならなかった。各代議士は、官職の任命権及び一般に自己の選挙区の事務について各種の任命権を持っていた。そして自分自身は、再選されるように、地方の名望家と接触を保っていたのである。

ところで、近代的形態の政党組織は、かような名望家連、就中議員による牧歌的支配状態に鋭く対立している。近代の政党は、民主政治、普通選挙権、大衆運動と大衆組織の必要、高度に統制された指導と非常に厳格な規律の発達などから生れたものである。名望家の支配や議員による指導は、行われなくなった。議会外の「本業的」政治家が仕事を引受けるようになる。即ち、「企業家」――アメリカのボスやイギリスの「選挙事務長」はその仕事の上からみてこれに当る――としてか、さもなければ固定給を受ける使用人として仕事を引受けるのである。形式上は広汎な民主化が行われる。最早、議会の院内団体が決定的政綱を作成するのではない。最早、地方の名望家連中が候補者の推薦権を握っているのでもない。今や組織化された党員の集会が候補者を選び、上級の集会に代表員を派遣するのである。「党の総会」に至るまでにかような中間的集会が若干あるのが普通である。しかしながら、事実上権力を握っているのは勿論、継続的に党内で仕事をしつつある人々や、金銭的または人物的に党の活動の基礎となっている人々――例えば、パトロンや有力な政治的利害関係人の倶楽部（タマニーホール）の指導者のような人々――である。決定的な点は、これら全体の人的機構――アングロサクソン諸国では、いみじくも「機構」と呼んでいる――或はむしろこの機構を指導する人々は、議員に対抗して、議員に自分たちの意志をかなり広汎に強制することの出来る状態にあるということである。これは殊に党の指導者の選択に対して重要な意味を持っている。さて党首には、人的機構がこれに服従し、且つ議員に対しても優越しているような人が就任する。言い換えるならば、こういう機構を作ることは、人民投票的民主政治の出現を意味するものである。

　政党の追随者、中でも党吏と政党企業者は、当然のこととして彼らの党首の勝利から、官職その他の利益のような個人的報酬を得ることを期待している。各個の議員に報酬を要求するとか、議員だけから報酬を要求するというのではなく、党首に要求する点が決定的である。就中、彼らはこういうことを期待している。即ち、党首の人格の及す煽動的効果は、政党の選挙戦において、投票を獲得せしむると共に、選挙民から議会に対する要求を為すべき旨の委託を受けることとなり、従って権力をもたらすこととなる、その結果として彼らの追随者にとっては、己の欲する対価を得る見込が出来る限り拡張されることになろうということを期待する。そして思想的には、平凡な党の抽象的綱領のためにのみ働くのではなく、一人の人間のために信仰的に身を打込んで働くのだという満足——すべての指導者の持つかかる「神智的」要素——が、追随者を引受ける原動力の一つとなっている。

　こういう政党の形式は、極めて種々な程度において、且つ勢力争いを続けていた地方の名望家や議員連と絶えず潜在的な闘争を行う中に作り上げられた。こういう形の政党は、最初アメリカ合衆国におけるブルジョア政党において、次いで特にドイツの社会民主党において、作り上げられたのである。一たび一般に承認された指導者がいなくなるというとすぐに、常に急激な反動が現れて来る。また党首のいる場合でも、党の有力者連中の虚栄と利益のためには、各種の譲歩がされねばならぬものである。ところで、とりわけ、この機構が、規則的仕事を司っている所の党の役員の支配下に陥ることがある。多くの社会民主党員の見解に従えば、彼らの政党はかかる「官僚化」に陥ったということである。それは兎も角として、「役員」というものは、強い煽動的影響力のある指導者の性格に比較的容易になってしまう。彼ら党吏の物質上及び思想上の利益は、党首の欲する党の勢力の拡張と密接に結付いており、且つ党首のためにする仕事自身が、割合内的に満足なものだからである。大抵のブルジョア政党に見られるように、党吏と並んで「名望家」が党に対する権力を握っている場合には、指導者の昇進は遥かに困難である。蓋しこれらの名望家連中は、思想的にみて、彼らの占むる所の理事とか委員とかの地位によって「彼らの生活を立てている」からである。野心家としての煽動家に対する反感、政党政治的「経験」の優越性の確信、――

これは今や実際に重要な意味を持つものとなってしまったが——旧き政党の伝統の崩壊に対するイデオロギー的不安等が、彼らの行動を決定する。政党において、彼ら名望家は、あらゆる伝統主義的要素そのものを保有している。就中、地方の選挙民や小ブルジョア的選挙民は、昔から良く知っている名望家の名前を信頼して、未知の人を信用しないものである。——勿論、この未知の人が一度成功した暁には、それだけにしっかりと彼に依頼することになるのだが。吾々は、こういう二つの組織形態の闘争及び特にオストロゴルスキーによって描かれたような人民投票的形態の興隆した事情を、若干の主な例について見よう。

先ずイギリスである。一八六八年以前のイギリスにおける政党組織は、殆ど名望家ばかりから成る組織であった。トーリー党員の地盤は、地方における国教牧師及びそれと並んで——大部分は——教師とか、特に各州の大資産家とかいうような人々であり、ホイッグ党員の地盤は大体、（こういう僧侶が存在していた当時においては）、独立新教僧とか、宿駅の長、鍛冶屋、仕立屋、縄屋など、——これらの人々と極めて屢々雑談を交すことが出来たために——政治的勢力の源となることの出来た職人連中であった。都会では、経済上或は宗教上の意見、または単なる各家庭の伝統的意見の相違に従って、党派が分れた。しかしながら、政治の担い手はいつでも名望家連であった。その上に、内閣と「党首」――彼は内閣の首班であるか、または反対党の首領であった――とを持った政党と、それから議会が浮んでいたのである。この党首の傍らには、政党組織の最も重要な職業政治的人物たる「院内幹事」（ホイップ）がいた。官職の任命権はこの人の掌中にあったから、猟官者たちはこの人に世話を頼まなければならなかった。彼は官職の分配について各選挙区の代議員と協議を行ったのである。最初は無給であって、大体ドイツにおける「腹心の者」に相当する地位を占めていた所の地方代表が獲得されるにつれて、これらの人々の中に、漸次職業政治家層が発達し始めた。ところで、それと相並んで、各選挙区に資本主義的企業者のようなものが発達した。それは「選挙事務長」であって、その存在は、選挙の公正を確保するイギリスの近代の立法において避くべからざるものであった。この立法は、候補者に対して選挙費の報告義務を負わせることによって、選挙費を監督し、金力に対抗しようとした。というのは、候補者は――昔ドイツで行われた以上に――選挙に苦労する以外に財布の紐をゆるめることがお好きだったからである。選挙事務長は候補者から一定の見積り金額の支払を受けていたが、その代り事務長は立派な仕事をするのが常であった。――議会内及び地方において、「党首」と党の名望家の間に勢力を分配する場合に、イギリスでは昔から前者が非常に重要な地位を占めていた。党首は重要な政治を不断に行うことが出来るという必然的理由によるものであった。けれども議員と党の名望家の勢力も、まだまだ大きかったのである。

かくて旧い政党組織は、半ばは名望家の仕事であるけれども、半ばは既に使用人及び企業家に依る経営であるかのような観を呈していた。ところで一八六八年以来、先ずバーミンガムの地方選挙において「地方選挙委員」制度が発達し、次いで全国に普及した。この制度を作り出したのは、一人の独立新教僧とジョセフ・チェムバレンであった。その動機となったのは選挙権の民主化である。大衆を獲得するためには、民主主義的外観を有する団体の巨大な組織を作り出し、各市区に選挙団体を設けて、絶えず活動せしめ、一切の仕事を厳格に官僚化することが必要となったが、そのために有給の被傭職員は増加しつつあった。これらの職員は、地方選挙委員会――選挙民の凡そ一割がこの会に組織づけられていた――によって選ばれた幹部であって、相互に互選権を有し、政党政治の形式的担い手であった。その原動力となったのは、地方の人々、就中、地方自治政治――これは何処でも豊富な物質的幸運の源泉であったが

——に関与した人々であった。この人たちはまた、第一に財政資金の調達を行う人でもあったのである。このような新に発生したる、而《しか》して最早議員の指導を受けないような組織は、極く早くから今までの実権者、特に院内幹事と闘争しなければならなかった。だが、それは地方関係者の支持を受けていたために、戦いに勝ち続けたから、院内幹事は彼らに屈服し、この新なる組織と協定しなければならぬようになった。その結果、党の全権は、党を率いる二三の人々の手に集中され、最後には一人の手に集中されることとなった。蓋し、自由党においては、グラッドストーンが権力を得たことと結付いて、党の制度全体が形を整えるに至ったからである。かかる地方選挙委員を中心とする新しい組織をして、かくも迅速に名望家に対する勝利に導いたのは、グラッドストーンが「偉大な」煽動の魅力性を持っていたことと、大衆が彼の政策の倫理的内容に対し、就中彼の人格の倫理的性質に対して堅い信仰を懐いていたことのためであった。政治における帝政的人民投票的要素たる選挙戦場の独裁者が登場した。この出現は極めて早かった。一八七七年に地方選挙委員は初めて国会の選挙に活動した。しかもその結果たるや、成功の絶頂にあったディズレーリの失脚という素晴らしい成功であった。既に一八六六年に、この組織は完全に神智的に党首グラッドストーンの指導する所となっていた。それ故、アイルランド自治問題が展開された時、全員挙って上から下に至るまで、「吾々は実際にグラッドストーンの上に立っているのだろうか」などは問題にしないで、単純にグラッドストーンの言葉に一斉に振向き、「彼が何をしようと、我々は彼に従うのだ。」と言った。――そしてこの組織の本来の創造者であったチェムバレンを見殺しにしたのである。

こういう機構には多数の人員が必要である。政党の政治によって直接に生計を樹てている者は、イギリスに二千人もいるということである。純然たる猟官者として或は利害関係者として、政治、特に地方自治政治に関与している人の数は、勿論これよりも遥かに多い。有能な地方選挙委員政治家にとっては、経済上の機会と並んで虚栄を得る機会がある。「治安判事」になること、或は「代議士」になることですら、最高の（正常的）名誉心を持つ者の当然に努力する所である。しかも、これらの官職は、立派なる子供部屋に育った人々、即ち「紳士」たちに与えられるのである。特に政党の大金主連に――政党の財政の約五割までは匿名の贈手の寄附によった――とって、貴族の栄位は至上の目的であった。

ところで、こういう制度はどんな結果をもたらしたであろうか。その結果たるや、今日におけるイギリスの議員は、二三の閣僚（及び若干の変り者）を除けば、普通には訓練の行き届いた陣笠に過ぎないということになってしまった。ドイツの国会では、少くとも自席の机の上で私信を認《したた》めることによって、吾々は国家の福利のために働いているぞということを目立たせようとするのが常である。かのようなジェスチャーはイギリスでは要求されていない。議員は唯々投票を行い、且つ党を裏切りさえしなければよいのである。議員は、院内幹事がそれぞれ内閣の命ずることや、或は在野党首の命ずることを行ってくれと叫ぶ場合には、出場しなければならない。しかのみならず、強力な党首が存在する場合には、国内の地方選挙委員会は殆ど盲従的に全く党首の左右する所となっている。従って議会の上に立つのは、実際上人民投票的な独裁者たる党首である。この党首は自分の背後に「幹部」を通じて大衆を擁している。そして議員は、党首に付き随う所の政治的受禄者に過ぎないのである。

さて、この指導者の選択はどうして行われるであろうか。先ず如何なる能力によって選ばれるのであるか。これに対しては、勿論、――世界到る処で決定的役割を演じている所の意志の諸性質に次いで――就中、煽動演説の力が決定的である。演説の方法も変って来た。即ちコブデンのように理解に訴えた時代から、一寸見た所は飾り気のない「ありのままを語る」技術家であったグラッドストーンを経て、現代では、大衆を動かすために、救世軍が使用するような手段を用いて、全く感動的な演説が行われるようになったのである。今日の状態は、「大衆の感動性の利用を基礎とする独裁制」と称しても差支えあるまい。――しかし、イギリスの議会における委員会の仕事は著しく発達した制度となり、指導に参加したいと思う政治家は誰でもこれに協力することを可能ならしめ、否これを強制している。最近数十年の優れた大臣はいずれも、かかる極めて実際的な有効な仕事の訓練を受けていた。且つ実際に報告を行ったり、これらの会議について公に批判を下したりする結果、この訓練は単なる煽動家を排除し、指導者を実際に選択する意味を持っている。

イギリスではこういう風である。だが、イギリスの地方選挙委員制度は、とりわけ早くから且つ特に純粋に人民投票的原則をその特徴としていた所のアメリカの政党組織に比べれば、生ぬるい形のものに過ぎなかった。ワシントンの意図したアメリカは、恐らく「紳士」によって支配される国家であったであろう。当時のアメリカで紳士というのは、やはり地主もしくは大学教育を受けた人のことである。最初はこういう状態であった。政党が出来上った時、先ず下院の議員たちは、名望家支配時代のイギリスと同じように、指導者になることを要求した。政党の組織はあまり緊密ではなかった。こういう状態は一八二四年まで続いた。既に二〇年代前に、多くの地方自治体――この国でも、それは近代的発達が始まった最初の場所であった――に政党機関（幹部連）が発生しつつあった。ところで、西部地方の農業家の候補者であったアンドリュー・ジャクソンが大統領に当選するや、ここに初めて旧き伝統は覆えされるに至った。カルフーンとウェブスターという偉大な議員が、議会は国内の党機関に対して殆ど権力をなくしてしまったからとの理由で、政治生活を退いた一八四〇年に、指導的議員による政党の指導は、早くも形式上終末を告げたのである。人民投票的「党幹部」がアメリカでかくも早くから発達した理由は、アメリカでは（しかもアメリカだけであるが）、行政部の長官と――これが重要なのであるが――官職任命の長官とは人民投票によって選ばれた大統領であり、且つ彼は「三権分立」の原則に従って職務の執行につき、殆ど議会から独立していたためである。従って官職扶持にありつこうとする人々の真の餌物は、ちょうど大統領選挙の時に、勝利の褒美として彼らの鼻先に出されたのである。これを極端に実行したのが、アンドリュー・ジャクソンに依って組織的に原則にまで高められるに至った「猟官制」である。

この猟官制――すべての官職を贏《か》ちえた候補者の手下に分け与える制度――は、今日の政党の形成に対してどんな意味を持っているであろうか。全く無節操な党派たる純粋な猟官組織が互に対立するに至ったことが、即ちこれである。こういう猟官的政党は個々の選挙戦において、投票獲得の見込に従い、ころころその政綱を変えたのである。――豹変の程度は、他国と種々な類似点があるにも拘らず、他国には見られぬほど激烈である。政党は全く、合衆国の大統領選挙戦及び各連邦の知事選挙戦という官職の任命にとって最も重要な選挙戦を目当てとして形造られている。政綱や候補者は議員の参加なしに、党の「国民大会」、即ち形式上非常に民主主義的に代表委員会から派遣された党会議によって、決定されるのである。この代表委員会は「予選会」、党の第一次選挙人会から委任を受けるのであるが。既に予選会において、代表委員は大統領候補者の名において選挙される。個々の政党の内部では、「指名」問題をめぐって激烈な闘争が行われることになる。大統領の掌中には、ざっと三十万乃至四十万の官吏の任命権があるが、これらの任命は、各連邦の上院議員と相談の上でのみ行われるのである。従って、上院議員は有力な政治家である。これに反して、下院は政治上割合に権力がない。蓋し下院には官吏の任命権がなく、且つ長官――何人に対しても、議会に対してもまた反対することを国民から許されたる、大統領の純然たる輔佐人――は、議会が信任すると否とに関せず、自己の職務を遂行することが出来るからである。これは「権力分立主義」の結果である。

　かような基礎を持つ猟官制がアメリカにおいて技術上可能であったのは、アメリカの文明が若かったので、純然たる素人行政に堪えられたからである。蓋し、三十万乃至四十万の政党人は、彼らが自分の政党に忠実に勤務した事実以外に何らの資格を挙げる必要がなかったからである。――勿論かかる状態は著しい弊害を伴わぬわけにはいかなかった。腐敗と浪費は比類なきほどに行われた。かかる醜状は、経済的利得の機会が未だ限られていない国のみの堪え得る所であった。

　さて、こういう人民投票的政党組織と共に登場するのが、「ボス」である。ボスとは何か。自己の計算と自己の危険において投票を周旋する所の政治的資本主義的企業家である。彼は、弁護士や酒場の主人や類似の事業の所有者として或は金貸として、最初の関係をつけてしまう。そこから、ボスは糸を織り出して、遂には一定の投票を「支配」することが出来るようになる。そこまで来ると、今度は隣のボスと連絡をつけて、熱心と巧妙と、殊に慎重さとを以て、経歴の遥かに優れた人々の注意を惹起し、させてそれから立上るのである。ボスは、党の組織に欠くべからざるものである。政党の組織は、彼の掌中に集中されている。彼は大部分の資金を調達する。彼は如何にしてそれを獲得するのか、さて一部は党員の寄附、就中、彼及び彼の政党の尽力で官職に就いた官吏の俸給に課税することに依って。それから、賄賂や心付けによって。数多ある法律を潜ろうとする者は、ボスのお目こぼしを必要とする。そして見逃し賃を払わなければならない。そうしないと彼には拒否し難い不快な事件が起るのである。だが、それだけでは必要な資金は未だ調達されない。ボスは、大資本家から直接に金を受取る者として欠くべからざる者である。選挙の目的で有給の党吏や何らかの公共的出納係に金を委託するような資本家はあるまい。金銭の問題については利巧な用心深さを有するボスが、いうまでもなく、選挙の資金を与える資本家連中の手先となるのである。典型的ボスは、全く平凡な男である。彼は社会的名誉を求めない。「玄人」は「上流社会」では軽蔑されるものだ。彼はひたすら権力を求める。財源としての権力を求める。だが、権力を権力自身のために求めている。彼は闇の中で仕事をする。即ちイギリスの指導者とは反対である。彼は自分で公衆に演説するようなことはない。彼は、弁士に何を語ったらよいかを示唆してやるが、自らは語らない。普通、彼は上院議員以外の官職には就かない。蓋し上院議員は憲法上官職任命に携るから、指導的ボスは屢々この団体の中にいる。官職の授与は、第一に党に対する功績に準じて行われる。しかしながら、金銭による糶《せり》売りも度々行われた。そして個々の官職には一定の値段がついていた。即ち十七八世紀の君主国並に教会国家に屢々見られたような売官制度が存在していたのである。

ボスは、しっかりした政治上の「主義」を持っていない。彼には全く主義はなく、唯々投票は何によって獲得せられるかを問うのみである。彼はかなり教育の低い人であることも稀でない。だが、普通、彼は非の打ち所のない正しい私生活を営んでいる。彼の政治的倫理内においてのみ、彼は当然に、政治的行為に関して現に行われている倫理に従うに過ぎない。これはあたかも、吾々の多くが金儲けの時代には、経済倫理の領域において普通行われている倫理に従って行動しても差支えないのと同様である。彼を「職業的」な者、即ち職業政治家として社会的に軽蔑することは、彼を攻撃することにはならない。ボス自身は合衆国の重要な官職に就かないし、また就こうともしないということは、もしボスが選挙に際して人気を得られる旨を約束する場合には、──ドイツのようにいつもいつも党の古顔が立つとは限らず──政党と無関係なインテリゲンチャ即ち紳士が立候補することも稀でない、という長所を備えている。従って、こういう社会的に軽蔑された権力者を擁する無主義の政党組織こそ、ドイツでは決して出世の見込のないような有能な人を助けて大統領の地位に就かしむるに至ったのである。勿論、彼らの金力や権力の源泉を脅すような局外者に対して、ボスは抵抗する。しかし、選挙民の贔負を獲得するための競争戦において、腐敗した相手と認められるような候補者の引受を承諾せねばならないようなことも稀ではなかったのである。

従ってここには、上から下まで一貫して厳重に組織された、著しく資本主義的な政党業が存在している。この政党業は、特に地方行政――ここでも、これは最も重要な搾取の対象である――の政治的支配によって利潤の獲得のみを逐っているような一種のタマニーホールの如き非常に鞏固な整然と組織された倶楽部を基礎としている。こういう政党生活の組織が可能であったのは、合衆国が「新国家」として高度の民主主義国であったためである。ところでかかる関係は、この制度がだんだんと凋落に向う原因となっている。最早アメリカは素人のみによって統治されることは出来ない。アメリカの労働者は、まだ十五年前には、君らは何故に、君ら自ら軽蔑していると称する政治家の支配を受けるのかという問題に対し、「吾々は、君の国のように吾々に唾を吐きかけるような官僚階級よりも、吾々が唾を吐きかけるような人々を、官吏に持ちたいのだ。」と答えていた。これはアメリカの「民主政治」に関する旧い見方であった。だが、社会主義者たちの考えは当時既に異っていた。かかる状態は最早堪えられぬ。素人の行政ではもう充分でない。それで、文官制度の改正によって終身年金的な地位はますます増加し、大学教育を受けた官吏は、全く吾が国と同じように、ボスなどの周旋を受けず、清廉潔白に、自己の技倆をもって官職に就くようになった。現在、既に十万ほどの官職は、最早、選挙の度毎に餌物となるのではなく、年金を付与され、且つ一定の資格あることの証明を必要とするものである。かかる事実は猟官制度を漸次後退せしめているようである。こうなると、政党の指導方法も恐らく変って来ることであろう。だが、如何に変って来るかはまだ解らない。

ドイツでは、次の諸事情が従来の政治的事業に対する決定的条件となっていた。第一は、議会の無力である。その結果として、指導者たる素質を有する人は、いつまでも議員になってはいなかった。議員になったとすると、——何をすることが出来たろうか。官職に空のある折に、当該長官に対し、私の選挙区には恰好な大変才能のある人がいますが、何卒この人を御採用願いますと言うことが出来た。そういうと、長官は喜んでこの人を採用したものである。だが、それは、ドイツの議員が勢力を得ようとする本能を満足させるために行うことの出来た殆どすべてであった。――こういう本能がない場合は別として。その上に、ドイツでは、訓練された専門官吏が非常な重要性を持っているという事実――この第二の特徴は、第一の特徴の原因となったのである――が、付加わる。専門的官僚の重視という点では、ドイツは世界一であった。こういう勢力を持っていた結果として、専門的官僚は専門的官吏としての地位ばかりでなく、大臣の職までも要求するようになった。バイエルン国会で昨年議会政治化が論議される時、議員なぞが大臣になるなら、有能な人はもう官吏にはなるまいなどと謂われたようなのは、その一例である。その上に官僚政治は、イギリスの委員会の討論の持つような種類の拘束を組織的に回避し、――二三の例外を除けば――議会の中において、実際の役に立つような行政長官を育て上げることを不可能ならしめたのである。

　第三に、ドイツにはアメリカと異って、一定の主義を標榜する政党があったことである。これらの政党は、客観的には兎に角として、少くとも主観的には心から、自党の党員は「世界観」を代表している旨を主張していた。ところで、これらの政党の中で最も重要な二大政党である中央党と社会民主党は、生れながらの少数党であった。しかもそれは、彼ら自身の意志に依るものであった。ドイツ中央党の指導的人物は、少数党になることを惧れ、ひいては、政府に圧力を加えることに依って今までのように猟官運動者の世話をすることが困難になるだろうという理由から、議会主義に反対であった事実を決して隠さなかったのである。社会民主党は既存のブルジョア的政治秩序に汚されることを欲しなかったから、原則上少数党であり、議会化の障害となっていた。この両党が議会主義制度から除かれていた事実は、この制度を不可能ならしめたのである。その際に、ドイツの職業政治家はどうなったであろうか。彼ら職業政治家は勢力も、責任も持たなかった。彼らはかなり下っ端の名望家としての役割を演ずることが出来たに過ぎなかった。従って彼らは、何処ででも見られるような典型的な将来を嗅ぎつける本能を再び逞しゅうしたのである。僅かの地位によって生活を樹てていたこれらの名望家連の中にあって、彼らと種類を異にする人が出世するのは、不可能であった。指導者の素質を持っていたために、否それ故にこそ名望家連に敵視されたために、政治的生涯の悲劇を意味したような多数の人々の名前を、私はすべての政党の中から――勿論社民党も除くことなく――挙げることが出来る。吾が国の政党はいずれも、この名望家のツンフトに発達する道を辿ったのである。例えば、ベーベルの如き、その理智は目に立たなかったにしても、その気質と性格の純粋性からいえば、まだ指導者であった。ベーベルは殉教者であり、（大衆から見て）決して彼らの信頼に背かなかったから、彼は直接に大衆そのものを背景としていた。従って真面目に彼に対抗出来るような勢力は党内に存在しなかったのである。彼の死後、こういう状態は終末を告げ、役員の支配が始った。労働組合の役員、党書記、新聞記者などが昇進し、役員になろうとする本能が、党を支配した。非常に尊敬すべき役員階級――他の国々の状態、就中よく収賄をやるアメリカの労働組合の役員に比べれば、非常に尊敬すべきものといえるであろうが――が現れた。だが、前に述べたような官僚支配の種々な結果はこの党の中にも現れるに至った。

ブルジョア政党は八〇年代から、全く名望家のツンフトになってしまった。勿論政党は折々宣伝の目的のために党外のインテリゲンチャを引入れて、「吾々は、これこれの人々を擁している。」といい触らさねばならないようなこともあった。だが、彼らは出来るだけこれらの人々を立候補させないようにした。そして当人がどうしても翻意しないような已むを得ない場合にのみ、候補に立たせたのである。

議会にもこれと同じような精神が存在する。吾が国の議会の政党は、今も昔も相変らずツンフトである。議会の本会議で行われる演説はいずれも、前以って党内で一通り検閲を受けたものである。議会の演説が非常に退屈なことからも、この事情が察せられるであろう。発言を許されるのは、弁士として委託された者だけである。イギリス及び——全く反対の理由から——フランスの習慣との著しい対立は、殆どないようである。

現在は、普通に革命と呼ばれている激しい崩壊の結果として、多分変革が起っていることと思う。多分である。——確実にというのではない。先ず新しい党の組織の萌芽が現れた。第一の点は、素人組織たることである。特にそれは、種々な大学の学生に依って代表されることが多い。学生たちは、自分らが指導者の素質ありと考えた人に向って、私共はあなたに必要な仕事を委任します、どうぞその仕事をおやり下さい、というのである。第二は、事業家的組織たることである。指導者の素質ありと認められた人の所へやって来て、一票に付きいくらの割合で運動を引受けましょうと申出ることがよくあった。——もし諸君が私に、これら二つの組織の中、全く技術的政治的な見地から見て、どちらが信頼出来ると考えるかと、真面目に問うならば、私はむしろ後者を選ぼうと思う。だが、両者共に遽かに吹き上った泡で、忽ちの中に再び消え去ってしまった。既存の組織は改変されたが、それは相変らず働き続けている。かの諸々の現象は、多分指導者のいる場合にのみ、新しい組織は旨く調整されるだろうということに対する兆候に過ぎなかった。しかし、既に比例選挙法の技術的特性によって、指導者の出現は妨げられている。纔《わずか》に二三の街の独裁者が現れたに過ぎない。が、彼らも再び没落した。そして街の独裁者の手下だけが、確乎たる規律の下に組織化されていた。従って、この取るに足らぬ少数の者の勢力だけが、組織化されていたのである。

事情が一変したと仮定しよう。そうすれば前に述べた所に従って、人民投票的指導者の政党の指導は、追随者の「魂を抜き去る」――追随者を精神的にプロレタリア化するとでもいえよう――原因となる旨を、はっきりと意識しなければならない。指導者の機関として役に立つためには、その追随者は名望家の虚栄とか自説の主張とかに妨害されることなく、盲目的に服従しなければならない。即ちアメリカの意味の機械（黒幕幹部）でなければならないのである。リンカーンの選挙は、政党組織がこういう性質を持っていたために、可能であったのだし、既に述べたようにグラッドストーンの場合は、地方選挙委員制において同様な事情が存在していた。この盲目的服従こそ、指導者の指導に対して支払われる所の対価なのである。しかしながら、指導者が、「黒幕幹部」を擁して民主政治を行う場合か、或は指導者のいない民主政治、即ち使命なく、正に指導者たらしむべき内的神智的素質のない「職業政治家」が支配する場合か、そのいずれかを選ばなければならぬ。そしてこの選択は、その時々の党内の反対分子が「閥」の支配と普通に称しているものなのである。差当りドイツには、後者だけが存在するに過ぎぬ。且つ将来においても、少くとも連邦には、指導者なき民主政治の存続を有利ならしむる事情がある。即ち第一に、連邦参事会に再び復活し、議会の権力従って指導者の選択の場所としての議会の重要性を必ず制限するであろうという事情があり、更に現在のような比例選挙法が行われているという事情がある。この比例選挙法というものは、指導者なき民主政治の典型的現象である。蓋し、それは授職をめぐる名望家の不正取引に都合の良い作用を及すばかりでなく、将来、利害関係者団体に、これらの団体の役員を無理に当選せしめ、こうして真の指導者のいる余地のない非政治的議会を作り出す可能性を与えるが故である。大統領が議会によってではなく、人民投票によって選挙される場合には、大統領が、指導者たらんとする欲求に対する唯一の弁となるであろう。人々が腐敗政治を真面目に克服せんとしている合衆国各地における如く、大地方自治体において、自分の局課を独立的に編成する権能のある人民投票的市長が登場するような場合には、特に仕事の業績に基いた指導者層が成立し、また選び出され得るのであろう。こういう事実は、かような選挙を目的として作られた政党組織を条件付けるであろう。だが、すべての政党——特に社民党を含む——の指導者たちの全く小ブルジョア的な敵対関係は、政党の将来の形態及び将来の見込を全く曖昧ならしめている。

従って今日では未だ、「職業」としての政治の経営は、外的にどんな形になるであろうかという見透しはつけられない。従っていわんや、政治的才能のある者にとって、満足の得られるような政治的任務を与えられる見込は、如何なる方面に開かれているかという見透しはつかぬ。資産状態の関係から、どうしても政治に「よって」生活を樹てねばならぬ人にとっては、典型的直接的方法としての新聞記者稼業もしくは党の役員の地位か、さもなければ、労働組合、商業会議所、農会、手工業組合、労働会議所、雇主組合等の利益代表の地位或は地方団体における適当な地位の中、いずれか一つがいつも問題になるであろう。党の役員は新聞記者と共に、「堕落」という嫌悪すべき性質を帯びている。――外面については、これ以上何もいうべきことはない。あっちには、「文筆屋」――こっちには「演説屋」が、目には立たぬが存在しているのは、遺憾なことである。だが、内的に護りのない且つ自分自身に正しい解答を与えることの出来ないような人は、こういう経歴から遠ざかった方がよい。こういう商売は、すべての場合において激しい誘惑を蒙ると共に、絶えざる失望をもたらすことのあり得る道だからである。ところで、こういう経歴は如何なる内的喜びを与えることが出来るか、且つそれは、かかる経歴を踏まんとする人々に対し、如何なる個人的前提条件を必要とするか。

さて、こういう経歴は、先ず第一に、勢力感を与える。自分は人々に対する勢力を持っており支配権力に参加しているのだという意識、就中、自分は歴史的に重要な事件の神経系を他の人々と共に掌握しているのだという感じは、形式上大した地位にいない時でさえ、職業政治家をして人並以上に優れた感じを懐かせることが出来る。ところで、彼にとって今や問題は次の如くになる。彼は如何なる性質によって、（個々の場合にはどんなに範囲の狭いものであろうとも）、かかる権力に相応しいものとなり、権力のために彼に課せられた責任に堪えられるようになるのであるか。かくて吾々は、倫理的問題の領域に踏入ったのである。何とならば、歴史の車に手をかけることを許されるためには、吾々は如何なる人間でなければならないかというのが、ここに属する問題だからである。

特に政治家の運命を決定するのは、情熱——責任感——観察力という三つの性質であると言えるであろう。ここで情熱というのは、仕事に没頭するという意味の情熱、即ち「仕事」及びその授け手である神または魔に対する情熱的献身のことである。それは、私の亡き友ゲオルク・ジンメルが、いつも「無益な激情」と呼んでいたような内的態度の意味ではない。即ち、特にロシアの知識階級の或る特定の型の人々が（決して彼ら全部というのではないが）、持っているような「無益の激情」ではなく、且つ、今日「革命」という誇りやかな名前で飾られている謝肉祭に際して、吾が国の知識階級においても大きな役割を演じているような内的態度、即ち仕事に関する責任感のない空虚な「知識階級の空想的態度」ではない。蓋し、如何に純真に感ぜられた情熱であっても、唯の情熱だけでは、何も出来ないからである。情熱が人をして政治家たらしむるのは、情熱を以て「仕事」に仕える以外に、この仕事そのものに対して全責任を負担するという精神を、その決定的理想とする場合に限る。そして、そのためには、観察力——それは政治家にとって決定的な心理的性質である——、心を落着けて冷静に現実に立向う能力、即ち物と人との間に或る距離を置いて見ることが必要である。「距離を置いて物を眺めないということ」それ自体は、すべての政治家にとって死に値する大罪の一つであり、かかる性質を培うことは、吾々知識階級の子孫の代になれば、政治的無能力であると宣告されるような性質の一つである。というのは、如何にして熱烈な情熱と冷静な観察力とは、同一の人間の内部に一緒に押込められるか、ということこそ問題なのだからである。政治は頭によって行われるもので、身体の余所の部分や魂によって行われるものではない。だがそれにも拘らず、政治への献身は、情熱からのみ生れ、且つ情熱によってのみ養われ得るのである。——政治をして軽薄な知能的遊戯としないで、人間的に純真な行為としようとする場合には。ところで、情熱的政治家の特徴であり、且つ彼を単なる「無暗に逆せ上った」素人政治家から区別する所の、かの魂の強い制御は——あらゆる意味で——物を隔てて見ることによってのみ可能なのである。政治的「個性」の「強さ」は、何よりも先ずこれらの性質を所有していることを意味している。

だから政治家は、極く平凡な余りにも人間的な敵を、日々刻々に克服しなければならない。この敵たるや、極くありふれた虚栄心のことであって、あらゆる仕事への献身を妨げ、あらゆる物の冷静な見方、即ちこの場合には自分自身に対する冷静な見方を妨げる大敵なのである。

虚栄心は広く瀰漫《びまん》した性質である。全然虚栄に囚れない人は恐らくいないだろう。しかもアカデミックな連中や学者仲間では、それは一種の職業病となっている。しかし、他ならぬ学者の場合は、それがどんなにいやなものに見えようと、虚栄は通常学問の研究を妨げるようなことはないという意味で、比較的無害である。政治家の場合には全く異る。政治家は已むを得ない手段としての権力を得ようと努力しながら、仕事をしている。だから、「権力を得ようとする本能」――普通こう言われている――は、実際に政治家の正常的性質の一つなのである。――だが、一意「仕事」に専念する代りに、この権力を得ようとする努力が仕事から離れて純個人的な自己陶酔の対象となる所に、政治家の職業の神聖な精神を冒瀆する罪悪が始るのである。というのは、政治の領域における死に値するような大罪は、結局において、仕事の抛擲と――必ずしも同一ではないが、往々にして同じことがある――責任の欠如との二種類しかないからである。虚栄心、即ち自分がなるべく人目につくように前に出たいという欲求は、政治家を非常に激しく誘惑して、叙上の罪のいずれか一つまたは両者を犯さしむるものである。煽動家は「結果」を当てにすることを強いられているから、この危険はますます大きい。——だからこそ、彼は役者に化したり、自分の行為の結果に対する責任を軽々しく引受けたり、他人に与える「印象」ばかりを問題とする危険に、いつも陥るのである。政治家が仕事を忽がせにする結果は、彼をして動《やや》もすれば実際の勢力の代りに、見かけだけの輝しい勢力を追求せしむることとなり、責任の欠如した結果は、内容ある目的なくして勢力を唯それ自身のために娯しむことになる。蓋したとえ、権力は已むを得ざる手段であり、従って権力の追求は政治の原動力の一つであるとはいえ、否、むしろそれなればこそ、成り上り者のやるように権力を笠に着たり、空しく勢力感に耽ったり、一般にいってすべての勢力を恋い慕うこと自身ほど、政治的力を傷め歪めるものはない。単なる「権力政治家」——吾が国でも彼を熱心に崇拝し、彼に光彩を与えようとする試みが行われている——は、著しい勢力を持っているかも知れないが、彼の勢力たるや実際は空虚な無意義なものである。この点に関して「権力政治」の批判者のいうことは、全く正しい。かかる傾向を幾多の典型的人物が突然に内的に崩壊した実例に依って、吾々は、この尊大な、だが全く空虚なジェスチアーの背後には、如何なる内的な弱さと無力さとが隠されているかを、体験することが出来たのであった。それは、人間の行為の意味に対する極めてみじめな上ずった飽厭の所産である。こういうような人間の行為の意味に飽き果てたということは、悲劇――すべての行為、就中政治上の行為が引込まれて行く所の――に通達することとは、何の関係もないのである。

　政治的行為の終局の結果が、往々にして、否、いわば規則的に、その本来の意味に全く相応しくないものになり、屡々全く矛盾した関係に立つということは、全く本当のことで、且つ――今ここでは立入って基礎付けないが――すべての歴史の基本的事実である。だがそれだからこそ、行為に内的根拠を持たしめようとする場合には、かかる意味、即ち一つの仕事に仕えるという態度が、是非とも欠けてはならない。政治家が権力を追求し、権力を行使する目的となる仕事が、如何なるものたるべきかということは、信仰の問題である。国民的または人類的、社会的倫理的または文化的、内界的、または宗教的目的など、どんな目的にも仕えることが出来る。彼は「進歩」――如何なる意味であろうと問う所でないが――の存在の堅い信仰の上に立つことも出来るし、この種の信仰を冷やかに拒否することも出来る。彼は或る「イデー」に奉仕することを要求することも出来れば、原則的にかかる要求を拒否して、日常生活の外的目的に仕えんと欲することも出来る。——だが、常に何らかの信仰が、政治家の心の中に存在しなければならない。でないと、実際に——これは全く正しいことだが——動物的な空虚という祟りが現れて、外的には非常に鞏固な政治的成果の上に、のしかかることになる。

上に述べた所をもって既に吾々は、今夕吾々に関係のある最後の問題、「仕事」としての政治の倫理的性格を論じようとしているのである。政治は、その目標とは全く無関係に、全倫理的生活構造の内部において、如何なる職務を尽すことが出来るのであるか。いわば政治の倫理的故郷ともいうべき地は、何処であるか。そして、そこでは勿論究極の世界観が相互に衝突するが、結局においてその中いずれかが択ばれなければならない。思い切って、最近再び——私の見る所では、かなり逆な法で——展開された問題の考察に取掛ろう。

さて、先ず問題を全くありふれた改竄《かいざん》から救い出しておこう。先ず第一に、倫理というものは、道徳的にいって非常に悪い役割を帯びて登場することがある。例を挙げて見よう。或る女から別な愛情を移した男が、彼女は私の愛に値しなかったとか、彼女は私を失望させたとか、或はもっと多くの同じような「理由」を挙げて、己自身に対しかかる行為を適法化したいと思う欲求を感じないような人は殆どあるまい。彼は最早彼女を愛していない、且つ彼女はそれを耐え忍ばねばならない、というありのままの運命に対し、卑怯にも「適法性」を後から付加え、それに依って彼自身のために正義を要求し、彼女に対し不幸の上に不正をも転嫁しようと努めるのは、騎士的精神に反することである。勝を得た恋の競争相手も全く同様に振舞うものである。即ち相手は自分より値打のない者に違いない、でなければ自分に負かされなかったろうからなどと考える。戦に勝った後で、勝者が下品な独善的態度で、自分は正しいから勝ったのだということを要求するような場合も、勿論これと異る所はない。また或る人が戦争の恐ろしさを見て精神的に崩壊した際、それは余りにも凄じかったと率直に言ってしまわないで、私が戦に堪え切れなかったのは、私が道徳的に見て悪いことのために戦わねばならなかったからであった、という感じを以てこれに代らしめ、かくして戦の倦怠を自分自身に対して適法化そうとする欲求を感ずる場合も、これと異らない。戦敗者の場合も同様である。男らしい峻厳な態度を採る人は、——社会の機構によって実際に戦争が生じたような場合に——お婆さんのような態度で、戦の終った後で「責任者」を探すようなことはしないで、敵に向って次のように言うであろう。「我々は戦争に敗れた。——お身たちは勝った。さて戦争は済んでしまった。さあ、係争の中心であった物的利害関係に対応し、且つ——主要な問題だが——殊に勝者の負担となる所の将来に対する責任に直面して、如何なる結論が下さるべきかについて語り合おうではないか。」と。その他のすべての行為は品位を汚すものであり、後に必ずその酬いを受けるものである。利益の侵害は国民の有恕する所となろう。だが、名誉の毀損、いわんや坊主臭い独善による名誉の毀損などは、決して国民の有恕する所とならぬ。数十年後に明るみに出されるすべての新しい文書は、戦がその終結と共に少くとも道徳的に片付けられた感じを起さしむる代りに、品位のない不断の悲鳴、憎悪と怒りとを再び喚起することであろう。戦争の道徳的解決は、問題に忠実なる態度と騎士的精神、就中体面の保持によってのみ可能である。実際上双方の側の面目を傷けるような「倫理」に依っては不可能である。政治家に関係している問題、即ち将来及び将来についての責任に心を砕く代りに、それは——解決され得ないのであるから政治上役に立たぬ所の——過去の責任問題に従事している。もし政治的責任というものがありとするならば、このこと、即ち過去の責任争いなどをやめて将来を考えることが、政治的責任である。しかのみならず、その際、なるべく多くの――精神的並に物質的――利得を得ようとする勝者の関心と、責任の告白によって利益を買入れようとする敗者の希望という、非常に物質的な関心によって、全体の問題が不可避的に改竄されている事実が看過されている。何か「一般に共通した」ものがあるとするならば、それはこの点である。そしてそれは、かくの如く「独りよがり」の手段として「倫理」を利用した結果なのである。

ところで、倫理と政治との間には、実際どんな関係があるであろうか。屢々言われているように両者は全く相互に関係のないものだろうか。それとも逆に、政治的行為にもすべての他の行為と「同一」の倫理が妥当するということが、真当だろうか。こういう二つの主張の間には、一方が真ならば他方が偽であるという二者択一的関係が存在していると、往々考えられていた。だが、恋愛上、業務上、家庭上、官職上の諸関係、即ち妻、野菜売の女、息子、競争相手、友達、被告などに対する諸関係に対し、内容的に等しい現世の倫理上の掟が樹てられ得るということは、一体真当だろうか。政治が、権力という極めて特殊な手段を持って、強制力の背景となり、仕事をしている事実は、政治に対する倫理的要求にとって実際どうでもいいことであろうか。ボルシェヴィズムやシュパルタクスの観念論者たちは、正しくこういう政治の手段を用いたればこそ、軍国主義的独裁者と全く等しい結果を惹起している事実を、現に吾々は見ているではないか。権力者の人物とその素人主義の他に、労兵委員会の支配は、旧政体時代の任意の権力者と何処が違っているのか。新しい（実際は思違いだが）倫理を主張する大部分の者が、彼らの批判する敵手に対して行う論争は、他の煽動家の議論と何処が違っているのであるか。高尚な意図という点で違っていると、答えられることであろう。宜しい。だが、ここで問題となっているのは、その手段である。しかも打撃の的となっている相手方も、主観的には全く実際に、彼らの究極の意図の高尚なることを自ら要求しているのである。「剣を把る者は剣に死す。」闘争は到る処において闘争である。然らば、――山上の説教の倫理か。山上の説教――これは福音の絶対的倫理のことであるが――は、この命令を好んで引用する人たちが考えているよりも厳粛な事柄である。それは冗談事ではない。学問における因果関係について言われたこと、即ちそれは任意に止らせて、意のままに乗ったり降りたりすることの出来るような辻馬車ではないということは、山上の説教についても言われ得る。一切か無か、なのである。そこから陳腐な事柄とは別なものが生ずべきであるとすれば、これこそその意味である。即ち例えば富める若き司《ツカサ》の場合には、「この言《コトバ》をきゝて若者悲《ワカモノカナ》しみつゝ去《サ》りぬ。大《オホ》いなる資産《シサン》を有《モ》てる故なり。」というのであった。福音書の命令は絶対的であり明瞭である。即ち汝の持てるものを、そっくりそのまま差出せというのである。政治家は言うであろう。すべての人々に対して命令が徹底せぬ限り、それは社会的に無意味な要求であると。即ち政治家は、すべての人々に対する課税、財産収奪税、没収——一言で言うならば、すべての人々に対する強制と秩序を主張する。けれども倫理上の命令は、全くそういうことを問題にしない、これはその本質なのである。或は言う。「人もし汝の右の頬をうたば、左をも向けよ。」と。何故に他人は殴る資格があるのかなどと問わないで、無条件に。聖者にとって以外には、卑屈な倫理である。それは、こういう意味である。即ち吾々は、少くとも意欲の上からは、すべての点において聖者であり、キリスト、使徒、聖フランシスコ等のように生きねばならぬというのである。しかる時は、この倫理は意味のあるものとなり、品格の表現となる。そうでなければ、無意味である。蓋し無宇宙論的愛の倫理の結果として「悪しき者に抵抗《テムカ》ふな。」といわれている場合、——政治家にとっては逆に、悪しき者には抵抗え、然らざれば——汝はその悪事の共犯者たるであろうという命題が妥当するからである。福音書の倫理に従って行動しようとする人は、ストライキを控えて、——何とならば、ストライキは強制であるから、——社民党以外の労働組合に入るがよい。だが、そうしようとする人は、何を措いても「革命」などを論じてはならぬ。というのは、かの倫理は、国内戦こそ唯一の合法的戦争であるなどとは、よもや教えないだろうから。福音書に従って行動する平和主義者は、この戦争並にすべての戦争を終熄せしむるために、ドイツで薦められたように、倫理的義務として武器を執ることを拒否し、或はこれを放棄するであろう。近き将来に亙って戦争を控えさせる所の唯一の確実な手段は、現状維持による平和であったろう、と政治家は言うだろう。そうだとすると、大戦は何のために行われたのかということを、諸民族は自問したであろう。大戦は理に反して行われたのだろう。——そんなことは今は不可能だが。蓋し勝利者——少くともその一部——にとって、戦争は政治的に儲かったであろうからである。吾々をしてあらゆる抵抗を不可能ならしめた所の態度が、こういう事態に対して責任を有する。ところで——疲労困憊の時代が過去るならば——戦争ではなく、平和が信用を失墜することになるだろう。これは絶対的倫理の結果なのである。

最後は、真実を述べるという義務である。それは絶対的倫理にとっては、無条件的なものである。それで、人々は、すべての文書、就中自国に不利となるような文書の公刊及びこの一方的公刊に基く責任の告白を、結果を顧慮しない、一方的な無条件的なものを推論した。だが政治家は次のようなことに気づくであろう。こういう一方的な文書の公刊は、結果においては真実を明らかにするものでなく、かえって情熱の濫用と不羈《ふき》とによって確に真実を不明ならしめるものである、公平な人々によって行われた各方面に亙る組織だった事実の確証のみが、有益な結果をもたらし得るのであって、すべて他の遣り方は、かく振舞う国民にとって数十年の中には再び回復することの出来ないような結果をもたらすことがある、と。だが、絶対的倫理そのものは、「結果」の如何を問題としないのである。

ここに決定的な点が存在する。倫理的に方向付けられたすべての行為は、二つの互に根本的に異った、融和の出来ない対立した準則の下に立つことが出来ることを、はっきりと知らなければならない。即ち、すべての行為は、「心情倫理的」もしくは「責任倫理的」に方向付けられ得るのである。責任の欠如した心情倫理と心情の欠如した責任倫理とは同じだろうなどということはない。勿論この点に関して問題はない。

しかしながら、心情倫理的準則の下に、——即ち宗教的にいえば——「キリストは正しきを行ひ、その結果を神に任せたり。」という準則の下に行為するか、或は、自己の行為の（予見し得る）結果に対して責任を負わねばならぬという責任倫理的準則の下に行為するかは、底知れぬほど深い対立である。諸君が、確信を持った心情倫理的サンディカリストに向って、君の行動は反動の機会を増加せしめ、君の階級の圧迫を募らせ、君らの階級の向上の障害となるだろうと、どんなに確信的に説こうとも、——それは彼に何の感銘も与えないであろう。純然たる心情から流れ出た行為の結果が悪いものである場合には、サンディカリストから見れば、行為者にその責任があるのではなく、世界に、他の人々の愚鈍さに、或は——人間をかくの如く作り給うた神の意志に、その責任があるのである。これに反して、責任倫理家は、人間の持つかの普通の欠点をば考慮に入れる。——彼は、フィヒテが正しくも述べているように、人間の善良と完全無欠とを前提する権利を持たぬ。彼は、自己の行為の結果について見透しのつく限り、これを他人に転嫁することが出来るなどと感じてはいない。彼は言うであろう。これらの結果は私の行為に帰属されると。心情倫理家は、純粋な心情の焔、例えば社会秩序の不公正に対する抗議のような焔が消え失せないようにする「責任」を感ずるだけである。絶えず新に焰を燃しつけることが、彼の——可能的結果から評価すれば、全く非合理的な——行為の目的なのである。かかる非合理的行為は、範例としての価値を持ち得るだけであり、且つ持つべきであるが。

だが、これだけでは、未だ問題は終らない。多数の場合において、「善き」目的の達成は、道徳的に疑わしき或は少くとも危険な手段、並に悪い副作用の可能性または蓋然性を景物に貰う結果に結付けられているという事実に、世間の倫理は触れていない。且つ人間世界の倫理は、いつ、如何なる範囲で、倫理上善き目的が、倫理上危険な手段及びその副作用を「神聖化する」ものであるかを、明らかにすることは出来ない。

政治にとって決定的な手段は、強制力である。誰でも知っているように、革命的社会主義者（ツインマーヴァルト派）は大戦中既に、次のように簡潔に公式化することの出来た原則、即ち「もう数年戦争が続き、それから革命が来るのと、今平和となり、革命が来ないのと、どちらかを択ばねばならぬ場合には、吾々はやはり数年の戦争の方を択ぶであろう。」という原則、を奉ずる旨を公言した。手段と目的との距離は、倫理的見地から見る場合、如何に大きなものであるかということを、諸君は右の事実からお解りになることと思う。「この革命は何をもたらし得るか。」というその先の問題に対して、学問的訓練を受けた社会主義者は誰でも、このように答えたことであろう。彼の言う意味で社会主義的と称せられ得るような経済への移行は問題とされているのではなく、唯々封建的要素と王朝の残滓とを脱ぎ棄てたに過ぎない所のブルジョア経済が、正に再び成立するであろう、と。――こういう微温的な結果を得るために、だから「あと数年の戦争を。」というのである。だが、この際、非常にしっかりした社会主義的確信を持っていても、こういう手段を必要とするような目的などは拒否してしまうことが出来る、と言えるだろう。ボルシェヴィズムやシュパルタクス主義、一般に各種の革命的社会主義においては、正にかくの如き事情が存在する。これらの人々が旧政体の「権力政治家」を、同様な手段を用いたという理由に因って、道徳的に非難するならば、勿論これは全く笑うべきことである。――彼ら権力政治家の目的の排撃が、どんなに正しかろうとも。

さて、この点において、即ち目的による手段の神聖化の問題において、心情倫理は結局難破しなければならないように見える。実際においてそれは、道徳上危険な手段を使用するすべての行為を非難する可能性を、論理上有するに過ぎない。論理上はである。勿論現実の世界においては、心情倫理家が突然千年期説的予言者に豹変するようなこと、例えば、たった今「暴力に反対して愛」を説いていた者が、次の瞬間には暴力を、――我らの将校が攻撃の度毎に兵士に向って、これが最後だ、この攻撃は勝利を、次いで平和をもたらすであろうと言ったように――その後ですべての暴力の消滅の状態をもたらすような、最後的暴力を喚び起すようなこと、は絶えず繰返し経験される所である。心情倫理家は、人間世界の倫理的非合理性を耐え忍ばない。彼は宇宙倫理的「合理主義者」である。ドストイエフスキーを知っておられる諸君ならどなたでも、問題が見事に説明されて行く所の、宗教裁判所所長の現れる場面を憶い出されることだろう。心情倫理と責任倫理とを一緒にし、或はまた、この原則に兎に角何らかの譲歩を行う場合、如何なる目的が如何なる手段を神聖化すべきかを、倫理的に指示することは不可能である。

　私の同僚であるフリードリヒ・ヴィルヘルム・フェルスター――政治家としては勿論無条件的に排撃するが、私は彼の心情が疑いもなく純粋であることから、個人的には尊敬している。――は、彼の著書の中で、善きことからは善きことのみが生じ、悪しきことからは悪しきことのみが生ずる、という簡単なテーゼによって、この困難を解決することが出来ると考えている。だが、そんなだとすれば、こういう問題は全然起らなかったろう。ウパニシャッド以来二千五百年も経った今日、かようなテーゼがまだ日の目を見ることが出来たのは、実に驚くべきことだ。だが、世界歴史の全経過のみならず、なおまた、日常の経験の忌憚なき吟味の結果は、正にその逆を示しているではないか。この世のあらゆる宗教の発達は、その逆が真なる事情に基いている。極く昔の弁神論の問題は実に、全能にして且つ慈悲深しと唱えられている神が、如何にして、不当な苦しみを受け、罰を受けぬ不正が横行し、度し難き愚鈍の充満する非合理的な世界を創造し得るに至ったか、という問題である。この問題は二者択一的な問題であるか、でなければ、全く別な融合原理または報復原理が人生を支配しているのか、のいずれかである。このような原理には、形而上学的に説明のつくものもあれば、或は永久に説明の不可能なものもある。世界の非合理性の経験というこの問題は、実にあらゆる宗教の発達した原動力であった。インドの業論《ゴウ》、ペルシャのマニ教、原罪説、予定説及び隠されたる神は皆かかる経験から生れ出たものである。世界は魔神によって支配されていること、政治に関与する人、即ちその手段としての勢力及び強制力に関与する人は悪魔と契約を行うものなること、彼の行為に対し善からは善が生じ、悪からは悪のみが生ずるとは真実でなく、屢々その逆であること等は、古代のキリスト教信者も非常によく知っていた。この関係の見えない者は、政治上は実際に子供である。

宗教的倫理は、吾々が互に異った法則に従う種々な生活秩序の中に入れられているという事実と、いろいろに妥協した。ギリシアの多神論は、アフロディテにも、ヘラにも、ディオニュソスにも、アポロンにも、同じように供物を捧げたが、これらの神々はお互に度々相争ったことも知っていた。インド教の生活秩序は種々な職業の各々を、銘々或る特別な倫理的法則、即ち法《ダルマ》の対象とし、職業を階級的に永久に区別し、その際にこれらの職業を鞏固な身分的階層の中に押入れ、来世に生れ変った場合以外に、この階級の中に生れたものはここから脱れることが出来ぬものとなし、こうして種々な職業を最高の宗教的救世神に対して、種々異った距離に置いたのである。こうしてインド教は、苦行者やバラモンから盗賊や淫売婦に至るまで、職業の内在的な固有の法則性に応じて、それぞれの階級の道法《ダルマ》を作り上げることが出来たのである。この中には、戦争と政治も含まれていた。諸君は、Bhaga adgita 即ち Krischna と Arduna との談話の中において、戦争が生活秩序の総体の中に、その所を与えられているのを御覧になることであろう。

「必要な」――即ち武士階級の道法《ダルマ》及びその規律の上から義務とされているような、戦争目的上、実際に必要な――「仕事をせよ。」それは、この信仰に依る宗教的救いを傷けるものではなく、かえって宗教的救いに貢献するものである。ゲルマンの兵士が招魂堂《ヴァルハル》に行くことを確信していたと同じように、昔からインドの武士は、戦死すれば帝釈宮に行けると確信していた。だが、ゲルマンの兵士が、天使の合唱隊のいる天国を軽蔑したと同様に、インドの武士は涅槃《ねはん》を軽蔑した。こういうように共通的倫理を規定せず、各々の職業に従ってそれぞれ異った倫理を設けた結果は、インドの倫理をして、かかる王者の術を、何ら臆することなく、政治の固有法則にのみ従って、否これを急激に増大せしめるように、取扱うことを可能ならしめたのである。この言葉の通俗的意味における、実際に急進的な「マキャヴェリズム」は、Kautaliya Aroha sastra（即ち紀元前遥か前の所謂 Tschandva-gupta 時代から）、インドの文献において、古典的に代表されている。これに反して、マキャヴェリの「王侯論」は、正直である。平生、フェルスター教授が接近している所のカトリックの倫理では、周知のように、「福音の勧告」が、聖き生活の恩寵を蒙れる人々に対する特殊な倫理となっている。

血を流したり、営利を求めたりしてはならぬ所の僧侶と並んで、一人は流血を、一人は営利を許されている所の、篤信なる騎士と市民とが存在している。倫理の差別及びこれを教義論の有機体の中に立て込むことは、インドほどに徹底してはいない。これは、キリスト教の信仰の諸前提により、かくあらねばならなかったし、かくあっても差支えなかったのである。人間世界の原罪的堕落は、罪悪と霊魂を脅す異端者に対する懲罰法として、強制力を倫理の中に立て込むことを比較的容易に許した。——だが、山上の説教の純心情倫理的、無宇宙論的要求と、それに基いた絶対的要求としての宗教的自然法は、その革命的強力を蔵し、殆どすべての社会的動揺期に、不可抗的な力を持って登場したのである。山上の説教の倫理は、殊に急進的平和主義派を作り出した。その中の一派は、ペンシルヴァニアにおいて、外部へ向って強制力を行使しない国家組織の実験を行ったのである。——独立戦争が勃発した時、クェーカー教徒は、己の信ずる理想のために、武器を執ることが出来なかった限りにおいて、その末路は悲劇的であったが。——これに反して通常のプロテスタント教は、国家、即ち神の造り賜うた施設としての強制力なる手段、特に適法的官憲国家を、絶対的に適法化した。ルッターは個人から戦争の倫理的責任を解除して、この責任を政府に転嫁し、信仰問題以外の問題において政府に服従することは、決して有責的ではあり得ないと考えた。カルヴィン教は、原則上再び信仰擁護の手段としての強制力、即ち回教では初めから生活要素となっていた所の信仰戦を認めたのである。政治的倫理の問題を提起したのは、決してルネサンス時代の英雄崇拝から生れた近代的不信仰ではない。すべての宗教は、この問題と格闘したのである。――その成否の程度は種々様々であるが。――だが、上述したように、どうしてもそれは、この問題を扱わないわけには行かなかった。人類の団体の掌中にある合法的強制力なる特殊な手段それ自体は、政治に関するあらゆる倫理的問題の特性を制約せるものなのである。

どんな目的のためであろうと、かかる手段（強力）と協定する者は誰でも――すべての政治家はこれを行う――、その特有な結果に引渡される。信仰のために戦う闘士、即ち宗教的闘士並に革命的闘士の場合は、特に著しい。吾々は安んじて現代を例に採ろう。強力を用いてこの世の中に絶対的正義を打建てようとする人は、そのために手下、即ち人的「装置」を必要とする。彼は、これらの人々に、必要な内的及び外的報酬――天国またはこの世の褒賞――を与える約束をしなければならぬ。でないならば、この装置は働かぬであろう。内的報酬とは、現代の階級闘争の条件の下では、相手方に対する嫌悪の情及び復讐心、就中相手方に対する反感を充してやること、並に似而非倫理的独善即ち相手方を誹謗し異端者呼ばわりをしようとする欲求を充たしてやることである。外的報酬とは、冒険、勝利、鹵獲《ろかく》物、勢力、扶持高などである。指導者の成功如何は全くこういう装置の働き如何に依存する。従ってまた、——指導者自身の動機ではなしに——それらの手下の動機にも依存している。従って、指導者の必要とする所の衛兵、探偵、煽動者などの手下に、かの報償が継続的に与えられ得るということに依存している。従って指導者がかくの如き活動条件の下において実際に到達する所のものは、彼の手中にあるのではなく、彼の手下の持つ倫理的には著しく低劣な動機によって、彼に帰せしめられたるものである。これらの手下は、指導者の人柄及び彼の仕事に対する誠実な信仰が少くとも仲間の一部を鼓舞する限りにおいて——この世では恐らく、仲間の大多数を鼓舞するようなことはあるまいが——のみ、制御されるものである。だが、こういう信仰が主観的には誠実である場合でも、実際には大部分の場合、それは復讐慾、権力慾、獲物慾、扶持慾などの倫理的「適法化」に過ぎないばかりではない。——この点について吾々は少しも嘘をいうものでない。蓋し唯物史観的説明は気ままに乗れるような辻馬車ではなく、革命の担い手の前で停止するものではないからである。――そればかりではなく、就中、感情的革命の後には、お祭り騒ぎはなくなって伝統主義的な通常日が来る。信仰的英雄や、就中、信仰自体は消滅し、或は――これはもっと利き目のあることだが――政治的俗物や政治的技術家の因習的極り文句の構成部分となる。信仰戦の場合には、真の指導者たる革命の予言者によって指導され、或は鼓舞されるのが常であるから、こういう発展は殊に迅速に行われる。蓋し、あらゆる指導者の機関の場合と同様に、この場合にも、一切を空にして仕事に専念すること、即ち「規律」のために、精神的にプロレタリアになってしまうことが、成功の一つの条件だからである。従って或る信仰的闘士の――勢力を持つようになった――随者たちは、動《やや》もすれば、全く月並の受禄者階級に堕落してしまうのが常である。

抑々《そもそも》政治を行おうとする者は、しかのみならず、政治を職業として営まうとする者は、かの倫理的矛盾並に、かかる矛盾の圧力の下に、自分自身がどうなり得るかということに対する責任を意識しておかなければならない。繰返していうが、政治家は、すべての強制力の中に身を潜めている所の悪魔と関係するものである。無宇宙論的人間愛や慈悲心に徹した偉大な人々は、ナザレの出であろうと、アッシジの出であろうと、インドの王城の出であろうと、政治的手段たる強力を使用しなかった。彼らの王国は、「俗世界のものではなかった。」が、それにも拘らず、彼らは過去においてこの俗世界に影響を及し、且つ現在においても影響を与えているのである。且つプラトンのカラタイェフやドストイエフスキーの聖者の姿は、今もなお人間愛に生きる人々の最も適切な追構成である。自らの魂の救いと他人の魂の救済とを求める人は、これを政治の方法に依って求めない。政治はこれと全く異った課題、即ち強力によってのみ解決されるような課題を持つものである。政治の神或は魔は、愛の神と共に、従って教会の刻印を打ったキリスト教の神とも、いつ、止め難い闘争を惹起するかも知れぬような内的の不和の関係を保ちながら、生きている。教会支配の時代にも、人々はかかる事情を知っていた。再三再四、聖務禁止令――当時においてそれは、カント哲学の倫理的判断の（フィヒテの言葉を借りれば）、「冷やかな允許」よりも、人間並に彼らの魂の救いにとって、遥かに実質的な力を意味していた。――は、フローレンスに発せられた。だが市民は、教会国家に対して戦ったのである。それでかような情勢に関連して、マキャヴェリは、或る一節で、私に誤りがなければ、フローレンスの歴史の節で、その主人公の一人をして、自らの魂の救いよりも生都の偉大さを尊重した市民をば、賞讃せしめているのである。

諸君が、生都とか「祖国」とかいう代りに、——今日では、すべての人にとって必ずしも明確な価値を持つものではないとしても——「社会主義の将来」とか、または「国際的満足」の将来とかを口にされる場合には、——今ここに存在するような問題を持たれることになるであろう。蓋し、強力的手段を用い、責任倫理の方法によって活動を営む所の、政治的行為によって追求されるすべてのものは、「魂の救い」を危機に陥れるからである。しかしながら、信仰的闘争において純粋な心情倫理によって、こういう政治的行為を追求する場合には、それは傷られ、且つ結果に対する責任が欠けているということのために、数世代に亙ってその信用を失墜することであろう。蓋し、その場合、行為者には、かの働いている悪魔が意識されないままでいるからである。

悪魔は情け容赦のないもので、行為者の行為に対し、また内的に彼自らに対しても、その結果を作り出すものである。行為者にかかる悪魔が見えない場合には、彼は已むなくその結果に身を委すのである。「悪魔は年寄だ。」「だから、悪魔を理解するには、年を取らなければ駄目だ。」この言葉では、年、即ち年齢のことをいっているのではない。人と議論をする際に、出生届の日付で一目置かれるようなことは、私も嫌いである。或る人は二十歳を数えているが、私は五十歳を過ぎているという単なる事実があっても、畢竟そのために、年齢の差だけが私の最も畏敬する所の業績であるなどと考える気にはなれない。それは年齢に依るのではない。それは勿論、用捨なく生の現実を直視する訓練を受け、且つ生の現実を忍び、内的に生の現実に堪える能力があるということに依るのである。

実際に、政治は頭脳によって行われるものであるが、頭脳だけで行われるものでないことは全く確かである。この点において心情倫理家は全く正しい。だが、人々は心情倫理家として行為すべきか、それとも責任倫理家として行為すべきであるかということ、並に如何なる時に一方を取り、如何なる時に他方を取るべきかということについては、何人にも指図することは出来ない。だが、次の一つのことだけは言えるであろう。現在のような、諸君の考えられる通り、「無益に」非ざる昂奮――だが、昂奮自体は必ずしも真の情熱ではない――の時代に際して、突然、心情政治家が、「世間は愚かで、卑しいものだ。私ではない。すべての結果に対する責任は私にあるのではなく、他の人々にある。私はそれらの人々のために働いて、彼らの愚鈍と低劣とを根絶しようと思う。」などというスローガンを掲げて、沢山のさばりかえるような場合には、私は、はっきりという。私は先ず第一に、かかる心情倫理の背後にある所の内的風呂敷の大きさを訊ねるが、十中八九までは、自分らが何を引受けるかを実際に知らないで、ロマンティックな人気に陶酔しているような、空風呂敷を拡げる連中を相手にしているのだという印象を受けるものだ、と。こういう大言壮語は、人間的にも大して私の興味を惹かないし、決して私を感動させもしない。ところが、すべての結果に対する責任を実際に心から感じ、責任倫理的に行為する所の成熟した人――若かろうと年寄であろうと構わない――が、何らかの点について、「私はこれより他に仕方がない。私はこれを固守する。」というならば、それは非常に人を感動せしむるものである。それは人間的に純正なものであり、人の心を捉えるものである。蓋し、かかる状態は、内的に死せる者にはいざ知らず、内的に死せざる吾々各人にとって、勿論いつか現れることがあり得るに違いないからである。その限りにおいて、心情倫理と責任倫理とは絶対的な対立ではなく、相互に補い合うものである。両者は一緒になってはじめて、「政治を天職」とし得る所の真の人間を作り上げるのである。

さて、御出席の諸君、十年後に吾々は今一度、この点について語り合おうではないか。その時には、多数の理由から残念ながら私は危惧しなければならぬように、反動時代は疾うに現れ、多分諸君のうち多数の方々及び打明けていえば、私もまた、願い且つ希望していた事柄は、殆ど、恐らく全然ではないにしろ、少くとも外観上は殆ど実現されてしまわないであろうが、――それは真実にあり得ることである、それを知ることは、私の心を打砕きはせぬだろうが、勿論内的な負担となるであろう――その折、私は、諸君の中で現在自分は真の「心情政治家」であると感じ、且つこの革命の意味する所の陶酔に加っている方々が、一体どうなっているだろうか、――これらの人々は語の内的意味において、どう「なって」しまっているだろうか、を見たいと思う。その時、

そも二人《ふたり》の愛《あい》の成《な》りしは、恰《あたか》も春のことなりしが、
其《その》ころ、われは、春を迎ふるには、常に物語の歌もてせり。
かの妙音鳥《フィロメル》てふ鳥は、夏の初めには歌ひ奏《かな》づれども、
漸く月日《つきひ》経て真夏《まなつ》となれば、其笛《そのふえ》の音《ね》を止《とゞ》むるを例《れい》とす。（坪内逍遥訳）

と詠めるシェークスピアの詩篇百二が当嵌るような状態にあったら、実に素晴らしいことである。

だが、現在の状態はかくの如くではない。外面的には、現在如何なる人々が勝利を得ていようとも、吾々の前に横っているのは、夏の初めではなく、差当り、氷に鎖された暗黒と厳寒に覆われた極地の夜である。蓋し、何物もなき所には、独り皇帝のみならず、プロレタリアもまた、権利を持たぬものである。この夜が次第に退く時に、現在一見してこぼるるばかりに花咲ける春を持っていた人々のうち、なお、生き長らえているのは誰々であろうか。且つ、その時、諸君すべては内的にどうなってしまっているであろうか。痛憤か職人根性か、世間及び職業を力なく甘受するのみか、それとも第三の、往々にして見られるような神秘的遁世であるか（この遁世は、その才能を持ち、或は――どうにかこうにか――厭々ながら流行に従うような人々に、よく見受けられる所である）。これらすべての場合には、私は次のような結論を下すであろう。彼らは、彼ら自身の仕事に堪えられなかったのである。現実にあるがままの世間及びその日常事にも堪えられなかったのである。彼らは、彼らが独り持てりと信じていた所の政治に対する天職を、極く内面的な意味において事実上、客観的には所有していなかったのである、と。むしろ彼らは、兄弟愛をありのままに単純に、人毎に培い、そして兎に角、ひたすら日々の業務に専念する方が、よかったであろう。

政治は、情熱と観察力とを併せ持ちつつ、堅い板を力を込めて徐々に穿って行くことを意味する。この世の中で性懲りもなく何遍でも不可能事に手出しをするようなことがなされなかったとしたならば、可能なることも達成されなかったであろうということは、全く正しく、あらゆる歴史上の経験の証明する所である。だが、それを行い得る人は、指導者でなければならぬ。否、指導者たるのみならず、なおまた——非常に率直な語義において——英雄でなければならない。指導者でもなく、英雄でもない人々でも、既に現在において、あらゆる希望の挫折にも堪えられるような堅固な心を以て武装しなければならぬ。そうでなければ、現在、可能なることを貫徹することさえ出来ないであろう。自分が世間に捧げんとする所のものに対して、世間は（自分の立場から見て）余りにも愚鈍であり、余りにも卑劣である場合にも、それに挫けず、すべてに対して、「それにも拘らず！」と言い得る確信のある人、そういう人だけが、政治に対する「天職」を有するのである。

政治的なるものの概念

カール・シュミット

1

政治に固有なる区別は、敵、味方という区別である。この区別は、人間の行為と動機に政治的意味を付与するものである。すべての政治的行為や動機は、結局においてかかる区別に帰せしめられる。従って、この区別は、特徴の目標し、即ち標識の意味において、政治の概念規定をも可能ならしむるものである。それは、その他の標識から派生したものでない限りにおいて、政治に対しては、あたかも、道徳における善悪、美学における美醜、経済における利害などというその他の対立の比較的独立的な標識に相当している。兎に角、この区別は、独立的な区別である。それは道徳等と種類を同じくする所の固有な新しい問題の領域であるという意味で、独立的なのではない。敵味方の区別は、自余の対立のいずれか、またはその若干の上に基礎付けられたものでなく、或はこれらのものに還元せしめられたり、これらによって否定されたり反駁されたりするものではないという意味で、独立的なのである。善悪、美醜、利害のような対立でさえ無造作に単純に同一なものではなく、直接に相互に還元されるものではないが、いわんや敵味方という遥かに深い対立は、上述の如き自予の対立と取違えられたり、混同されたりしてはならない。

敵味方の区別は、結合または分離の最も烈しく行われた場合を言い表している。この区別は、それと同時に、かの道徳的、審美的、経済的その他の区別が適用されなくとも、理論上及び実践上存立することが出来る。政治上の敵は、道徳的にみて悪者でなくともよい。彼は審美的に見て醜くなくともよい。彼は経済上の競争相手として現れなくともよい。否、政敵と取引する方がかえって有利で利益の多いこともあるだろう。しかし、彼はどこまでも別人であり、他人である。政治に特有な関係を可能ならしめる前提は、味方——同類及び盟友——のみならず、なおまた、敵も存在するという事実である。敵というものは特に強い意味で、存在上は別人であり、他人である。極端な場合には、敵と存在上衝突することもあり得る。こういう衝突は、予め定められた一般的な規定や、「局外的」な従って「不偏不党的」な第三者の判決によって解決のつくものではない。他人は「危急存亡の場合」が起っているかどうかという問題を決することも出来なければ、自己の生存を防禦し、自己の存在を守護するために、——即ち自己の存在を固執するために——「最後の手段」として生活に必要なものは何であるかという、それ以上の問題を決することも出来ぬであろう。同類以外の他人は、純「批判的に」、「客観的に」、「中立的に」、「純科学的」に振舞い、且つこれに類似した偽装の下に、自己の余所余所しい判断を混入せしめるかも知れない。彼の「客観性」は、単なる政治的偽装に過ぎぬか、さもなければすべての本質的な点を逸せる徹底的な無関係性である。政治上の決定においては、意見を述べ判断を下す資格は勿論のこと、単に正しく認識し正しく理解することの可能性だけですら、生存上の問題に関係を有すること、及びこれに関係すること、即ち真の関与にその基礎を置いているのである。従って極端な葛藤は、当事者自身のみが相互に決着を付け得るのである。特に、具体的な葛藤の場合に他人が自分と異った態度を採っていることが、自己の存在の否定を意味するものであるかどうか、従って自己の生活様式を救うために、防ぎ克服されねばならぬものであるかどうかを決定し得るのは、唯、当事者自身だけである。

　実際の心理上、敵は動《やや》もすれば、悪しき者、醜き者として扱われがちである。何となれば、すべての区別は、――区別及び結合の最も烈しく行われている政治的区別においては極めて当然のことであるが、――意識的に自己を正当化し基礎づけるために、ありとあらゆるその他の区別を補助手段として利用するからである。が、それは政治的対立の独立性及びその支配的地位を変更するものではない。それ故に、逆に次のようにもいわれる。即ち、道徳上、悪であり、審美上、醜であり、経済上、害あるものも、それだけでは未だ敵であるとは限らない。道徳上、善であり、審美上、美であり、経済上、利あるものも、それだけでは未だ政治的意味における味方にはならない。かような敵味方というような特殊な対立を、他の区別から切離し、独立的なるものとして把握することが出来るという点において、既に政治的なるものの独立性が示されている。

2

敵味方という言葉は、ここでは、具体的、存在的な意味に取らるべきであって、象徴的もしくは譬喩的言い廻しと考えられたり、経済的、道徳的その他の観念の混入により語の意味を弱められたりしてはならぬ。いわんやそれは私的個人主義的意味において心理的に、私的感情や私的傾向の表現であるなどと考えられてはならない。敵味方という言葉は人間のあらゆる存在と同じように、精神的なものであるけれども、「規範的」な、「純精神的な」対立ではない。自由主義は、自由主義に典型的な、精神と経済とのジレンマ――これについては第9章で詳しく述べる――のために、取引の立場からは敵をば単なる競争相手に、精神の立場からはこれを単なる論敵に化そうと試みた。確かに純然たる経済の領域では、競争相手が存在するだけで、敵というものは存在しない。全く道徳化され倫理化された世界には、恐らく、あらゆる問題について話のよくわかるような論敵のみが存在することであろう。すべての民族が敵味方の区別に従って、相も変らず現実に徒党を組んでいる実情は、唾棄すべきことであると考え、野蛮時代の先祖返り的な残滓に過ぎないと見る者があるかも知れない。敵味方の区別などは、いつか地上から全く姿を消してしまえばいいと希望することも出来よう。教育上の理由や戦術上の理由からして、こういう不愉快な問題については沈黙を守り、あたかも実際には最早敵などいないかの如くに行動する方が、合目的であり、正当であると考える者があるかも知れない。――だが、これらすべてのことはここでは問題とされていない。ここで問題とされているのは、擬制とか規範ではなく、この区別は現実に存在するものであり、且つ観念的存在に止らず、実在的に存在する可能性を持つという点である。吾々は、前に挙げたような進歩の希望や教育上の努力に共鳴し参加することも出来れば、しないことも出来る。だが、実際に各民族は敵味方の対立に従って徒党を組んでいる事実、この対立は今日でも現存し、政治生活を営む各民族にとって実在的可能性として与えられている事実、吾人は、かかる事実の存在を真面目に合理的に否認することは出来ない。

敵とは、競争相手一般、もしくは反対者一般をいうのではない。敵とは「競技《アゴン》」(1)の凄愴な闘技における相手方たる、「敵手」をいうのでもない。敵とは、いわんや生来の憎悪感のために嫌われているような私的な相手方をいうのではない。(2) 敵とは、少くとも、万一必要のある場合には、即ち実在的可能性に従って、彼らの存在を確保するために闘う所の人間の全体をいうのであって、かかる全体は、同様な目的を持った他の全体に対立するものである。従って、敵というのは、公敵のみである。蓋《けだ》し、斯の如く闘い、己の意志を貫徹する所の人間の全体、特に民族全体に関係を持つすべての事柄は、全体に関係することに依って、公的な性質を帯びるに至るからである。ドイツ語の敵《ファイント》はラテン語の戦敵《ホスティス》であって、ヨリ広い意味の怨敵《イニミクス》ではない。即ちギリシア語のポレミオスであって、エクトロスではない。(3) ドイツ語は、他の国語と同じく、私的な敵と政治上の「敵」とを区別していない。その結果、この点において、多くの誤解と間違いの生ずる可能性がある。屢々《しばしば》引用される「汝らの仇を愛せよ」という句（マタイ伝第五章四十四節、ルカ伝第六章三十五節）は、ラテン文では「汝らの怨敵《ディリギーテイニミクス》を愛せよ《ヴェストロス》。」ギリシア文では「汝らの怨敵を愛せよ《アガパーテトゥースエクトルースヒューモーン》。」と謂うので、汝らの戦敵《ディリギーテホスティス》を愛せよ《ヴェストロス》、というのではない。即ち政治上の敵を問題にしているのではない。兎に角、私の知る限りでは、一千年に亙るキリスト教と回教の争いにおいて、キリスト教信者は、ヨーロッパを護る代りに、サラセン人やトルコ人を愛するが故に、これを回教に明渡さねばならぬなどと考えたことはなかった。吾々は政治的意味における敵を、個人的に私かに忌み嫌う必要はない。己の「敵」、即ち己の反対者を愛するということは、私事の範囲においてはじめて、意味のあることである。いわんや、かの聖書の句は、善悪、美醜の対立を止揚せんとするものであるから、政治的対立には触れていない。就中《なかんずく》、この句は、己の民族の政治上の敵を政治上の友と考え、己の民族に背いて彼を助けよなどという意味ではない。

　政治的対立は、最も激しい、最も極端な対立である。すべての具体的な対立は、敵味方の対立の極点に近づくに随って、ますます政治的性質を帯びて来る。政治的単位の本質は、その単位の内部ではかかる極端な対立性が排除されている点に存する。最近数世紀のヨーロッパ史上において、政治的単位の模範的形態を表わしている国家は、それ故に、すべての政治的決定権を自分の手許に集め、かくして国内の平和をもたらそうと努めているのである。これは、政治的という言葉と国家的という言葉とを同じように扱っている所の、殊に国法学者の間に普通広く行われている言葉の用法の正当なることを証明するものである。このようにして、本来の政治的決定権に対する遠近及び程度の大小に応じて、「政治的」という言葉には種々な意味が生じて来るのである。特に、それ自ら全体として敵味方の区別を決定する所の組織的政治単位たる国家の内部には、国家に留保された第一義的な政治的裁決と並んで、国家の下す裁決の保護の下に、現存の国家に対する関係によって特徴づけられたる、多数の第二義的な「政治的なるもの」の概念が考えられる。例えば、吾人は、「国家的政治的」態度と「政党政治的」態度とを対比することが出来る。また、吾々は、国家自身の宗教政策、学校政策、地方自治政策、社会政策などと言うことも出来る。ここでは、平和な政治的単位の内部における対立が問題とされているのだから、敵味方の対立は無くなっている。勿論、ここでも——すべての対立を包括する政治的単位たる国家の存在によって、確かに絶対的ではなくなっているが——国家内の対立及び敵対関係が、常に政治の概念の決定要素になっている。(4) だが、こういう対立は、共通の単位を肯定する所の、単なる「競技的」な、争いであるか、それとも既に政治的単位を否定する所の、真の敵味方の対立の萌芽であるかは、未だ解決されていない。

　激しい個人的な対立が重大な政治的決定を紛糾させている所では、更にそれ以上の、寄生的存在に堕したような種類の「政治」が、展開されている。ここでは、本来の敵味方の結合関係のうち、各種の戦術、策略、抜道、陰謀の中に示されるような対抗関係の観点だけが、残ってしまったので、その結果、奇妙な取引や小刀細工までも、「政治」のような外観を呈することがあり得る。

「危急存亡の秋」という意識が全然失われた場合にも、通常の言語の用法は、政治的関係の特徴が具体的対立関係に関与する点にあることを表現している。容易に認められる二つの事実が、普通に、かかる政治的なるものの特徴を明らかにしている。

　第一に、すべての政治的な概念、表象、及び言葉は、論争的な意味を有する。政治的な概念、表象及び言葉はいずれも具体的な対立関係に注目しているもので、且つ最後の結果としては、（戦争や革命の際に示されるような）敵味方の結集に終るような具体的な情勢に、結付けられているもので、こういう情勢が無くなると、空虚なお化けのような抽象的言辞に化してしまうものである。国家、共和国、(5) 社会、階級、更に、(法王または民族の恵みに対立する)神の恵み、主権法治国、絶対王制、独裁、綱領、中立国、全体的国家、マルクス主義、プロレタリア、労働者等という言葉は、かかる言葉が具体的に誰を指し、誰を攻撃し、否認し、反駁せんとするものなるかを知らないならば理解することは出来ない。(6) また、「法」、「秩序」、「平和」とは何ぞやという問題も、敵によって具体的に決定されるのである。就中、「政治的」という言葉並びに、特に「非政治的」という言葉自体の用法でさえ、論争的な性格に支配されるものである。相手方は、(世間離れのした、具体性を逸したという意味で)「非政治的」なりと主張されることが屢々《しばしば》ある。逆に、相手方を「政治的」なりと貶しておいて、自分自身を(純粋に仕事に没頭するとか、純科学的に、純道徳的に、純法律的に、純審美的に、純経済的にその他論争上潔白に行動しているという意味で)「非政治的」なりとして、相手方と区別せんと努めることも屢々ある。

第二に、多元的な、即ち多数の異った政党によって支配されている政党国家(一九一九年から一九三二年に至るまでのドイツはその例であるが)においては、「政治的」

という言葉は、「政党政治的」という言葉と同じ意味に使われている。すべての政治的決定の不可避的な「不合理性」――これは、すべての政治的行動に内在する敵味方の区別の反映に過ぎないものだが――は、この場合、政党政治的官職争奪戦と禄扶持政策という憐れな形態で且つその範囲において表現されている。かかる事実から発生する「政治を止めよ」という要求は、政党政治の克服、即ち単なる政党政治の否定を意味するに過ぎないのである。かかる政治的＝政党政治的という方程式は、政党が国家及び民族に優越し、「国内政治の優位」が認められる場合に、現れる。その場合には、あらゆる国内政党及び彼らの対立関係を相対化するような包括的な政治単位（「国家」）なる観念は力を喪い、従って国内の対立は、他国に対する共通な外交的対立よりも、一層強度なものになる。一国の内部において政党政治的対立が事実上「一切の」政治的対立になってしまうと、「国内政治」の極点に達したことになり、即ち、厳めしい論戦を決定するのは、最早、外交的な敵味方の結集ではなく、国内的な敵味方の結集となるのである。かように「国内政治の優位」が存在する時には、内乱として実際上闘争が行われる可能性は、終始一貫して存在するが、組織的民族単位（国家または主権）間の戦争として闘争の行われる可能性は最早存在しない。――かかる闘争の実在的可能性たるや、政治が行われ得るためにはいつも存在せねばならぬものであるが。

（1）ボイムラーは、ニーチェとヘラクレイトスの闘争の概念を全く競技として解釈している。「敵は何処より招魂堂《ヴァルハル》に来たるかの問題」。シェーファーは（「国家の形態と政治」一九三二年）、ギリシア人の生活の「競技的本性」を指摘している。ギリシア人同士が血塗れの闘争をやる際にも、闘争は単なる「競技会《アゴン》」であって、相手方は敵ではなく、「競技者」競争者、闘技相手に過ぎない。従って闘技の終了は平和条約の締結（エイレーネー）ではない。ギリシア民族の政治的統一が破れ、ペロポネソス戦役が起るに及んではじめて、かかる観念は無くなったのである。戦争について深い検討が行われる場合にはいつも、競技的な考え方と政治的考え方という形而上学上の大きな対立が現れている。この点に関し極く最近のものとしては、エルンスト・ユンガーとパウル・アダムスの大規模な論争（ドイツチュラントゼンダー、一九三三年二月一日）、を挙げておこう。この論争は多分間もなく、印刷されることになっているが。この場合、エルンスト・ユンガーは、競技的な原理（「人間は平和を目的としない。」）を採っているが、他方、パウル・アダムスは、戦争の意味を、支配、秩序、平和をもたらすものと見ている。

（2）一九一四年の世界大戦にドイツで作られ、広く行き亙った「英国を憎む歌」は、ドイツの兵士が作ったのでもなければ、ドイツの政治家が作ったのでもない。

（3）プラトンの「ポリティア」第五篇第十六章四七〇頁では、戦敵《ポレミオス》と怨敵《エクトロス》との対立が非常に強調されているが、それは、戦争《ポレモス》（戦争）と内乱《スタシス》（一揆、叛乱、謀反、内乱）という別な対立と結付けられている。プラトンにとっては、ギリシア人と（「生れながらの敵」たる）野蛮人との戦いのみが本当に戦いなのである。これに反して、ギリシア人同士の戦いは、彼にとっては、スタシスである。（オットー・アーペルトは、哲学叢書第八十巻二〇八頁の翻訳においてこれを「不和」と訳しているが、鋭い訳ではない。）或る民族は己自身と戦いを交えることは出来ない、「内乱」は自己の肉をかきむしる行為に過ぎないもので、恐らく新国家の建設、新なる民族の形成の如きを意味するものでないという思想が、ここでは働いている。——ホスティスという概念は、ラテン語の辞書の定義によって最も良く説明されている。——即ち「戦敵《ホスティス》とは、我々の公然たる交戦の相手であって、この意味において、我々の私的怨恨の対象たる怨敵《イニミクス》とは異る。両者はまた、我々に対し私怨をいだくものが怨敵《イニミクス》、我々と抗争するものが戦敵《ホスティス》であるという風にも区別することが出来る。」

（4）かくて政治上注意に値する階級が、彼らの「社会的」要求を提出するに至って、はじめて「社会政策《ポリティーク》」が存在するようになった。昔、貧窮した人々のために行われた慈善事業は、社会政策の問題とは感ぜられていなかったし、実際上も社会政策とは称さなかった。同じように教会政策というものも、政治上注意に値する相手役としての教会が存在した場合にのみ、存在したのである。(訳註——ドイツ語でポリティークという場合には、政治と政策の両方の意味があるので、それぞれの場合に応じて、政治または政策と訳しておいた)。

(5) 例えば、マキャヴェリは、君主国でないすべての国家を共和国と名づけている。かくて彼は今日に至るまで、この定義を決定したのである。自由主義的民主主義的国法学者たるリヒャルト・トーマーは、すべての非民主国を「特権国家」なりと主張するために、民主国を非特権国家なりと定義している。

(6) ここでも、その論争的性質には無数の種類と無数の程度があることであろうが、政治的言語並に概念構成の本質的論争性は、常にこれを認めることが出来る。こういう論争性によって、言葉の問題は高度の政治的問題に化するものである。或る言葉または或る表現は同時に、敵意ある議論の反映、信号、記号、及び武器であることがある。例えば、第二インターナショナルの社会主義者たるカール・レンナーは、(「私法原理」、チュービンゲン、一九二九年、九七頁、において、)店子が家主に払わなければならぬ所の家賃を「貢物」と称し、こういう言葉によって階級闘争及び内乱の武器を作出している。ドイツの大部分の法学者、裁判官及び弁護士等は、かような称呼を、私法関係の許し難き「政治化」として、且つは「純法学的」、「純法律的」、「純学問的」究明の妨げとして、排斥するであろう。彼らにとって、この問題は「実定法的に」決定されているが故である。このことは単に、彼らが国家の政治的決定を承認し得ることを意味するものに過ぎない。逆に、多数の第二インターナショナルの社会主義者や「履行政策」を採る新聞は、武装したフランスが武装を解除されたドイツに強制した支払を「貢物」と呼ばずに、単に「賠償」と呼ぶことに重点を置いた。「賠償」は、「貢物」に比べて、ヨリ法律的、積極的、非論争的、非政治的、平和的であるように見える。だが、仔細に観察するならば、「賠償」は貢物よりも遥かに強烈に論争的であり、従ってまた、政治的である。蓋しこの言葉は、強制的支払に依って同時に敗敵の法律上並に道徳上の資格を剝奪するために、法律的、否その上に道徳的な無価値判断をば政治的に利用するものだからである。兎に角、これを「貢物」と呼ぶべきか、「賠償」と呼ぶべきかという問題は、一九一九年から一九三二年までのドイツにおいて、国内対立の論争の対象となっていた。

3

敵という概念には、武装的闘争、即ちここで謂えば戦争が、将来起るかも知れぬという事情――つまり戦争の未必性、(この未必性は観念的にではなく、実在的に存在しなければならない)――が必要である。戦争という言葉においては戦術や用兵術の偶然的な、歴史的発展に従う諸々の変化はすべて捨象されている。戦争とは組織化された政治的単位体間の武力的闘争であり、内乱とは組織化された(だが、そうなれば組織的単位といえるかどうかは疑問であるが、)単位体内部の武力的闘争である。武器という概念の本質は、人間を物理的に殺害する手段が問題とされているという点にある。敵という言葉と同様に、戦争という言葉は、ここでは、人間が生きて行く上に本源的な意味を持つものであるという意味に解釈されなければならない。それは、非政治的な、競技的試合を意味するものでもなく、単なる競争とか、所謂「純精神的な」論争を意味するものでもない。いわんや、畢竟するに、すべての人間が何らかの方法で常に行っている所の象徴的「格闘」を意味するものではない。蓋し、人間の全生活は「闘争」であり、各人はいずれも「闘士」であるが、戦争はこういう意味の象徴的格闘ではない。敵、味方、戦争なる概念は、物理的殺害の実在的可能性に対する関係を保有することに依って、その実在的意味を取得するものである。戦争は敵対関係から生ずる。蓋し、この敵対関係たるや、他の存在の存在を否認することとなるが故である。戦争は、敵対関係の極度に実現せられたるものに過ぎない。戦争は日常の出来事であったり、正常的状態でなくともよい。また、理想的なもの或は望ましいものと感ぜられなくともよい。だが、敵なる概念がその意味を持つ限りにおいて、それは、実在上の——観念的ではない——可能性でなければならない。

政治的なるものは、闘争それ自体の中には存在しない。闘争それ自身は、やはりそれ自身の技術的、心理的、軍事的法則を有するものである。政治的なるものは、戦争の実在的可能性に規定された挙措、同じくこれに規定されたる自己の地位に対する明晰な認識、敵と味方とを正しく区別すべき課題等の中に存する。それは、政治的生活は血腥い闘争に外ならないとか、すべての政治的行動は軍事的戦闘行為であるなどというのではない。且つすべての民族は間断なく他のすべての民族に対し、絶えず敵か味方かを選択すべき運命に置かれているとか、政治的正義は戦争の回避そのものの中には存在しないなどというのではない。ここに与えられたる政治的なるものの定義は、戦争煽動的乃至軍国主義的ではなく、帝国主義的でもなく、平和主義的でもない。そ れはまた、戦争や革命を「社会的理想」なりと主張せんとする試みでもない。蓋し、戦争とか革命は成功に終った場合でさえ、「社会的」なものでも、「理想的」なものでもないからである。軍事的戦闘そのものは、大抵の場合誤って引用されているクラウゼヴィッツの有名な言葉のように、「別な手段を以てする政治の継続」ではなく、[7] それは軍学的、戦術的その他戦闘固有の規則と観方とを有するものである。だが、それらの規則や観方はいずれも、敵は誰かという政治的決定が既に存在することを前提している。敵を決定するものは、兵士ではなくて、政治家である。軍事的闘争が始るや否や、戦闘並に戦争に関与せる人々は、公然と敵として相対立する。しかのみならず、通常は「制服」によって明白に相手方として特徴づけられる。そして敵味方の区別は、最早戦う兵士によって解決されなければならぬような政治的問題ではない。むしろ(戦士とは異る)兵士そのものは、戦争を競技と化し、闘争に対してヨリ良く訓練されて移る傾向をもつものである。政治家は兵士よりも、政治的行動から競技的行動にいる。蓋し、政治家は一生涯闘い続けるが、兵士は唯例外的に闘うに過ぎないからである、とイギリスの一外交家が述べた命題の正しさはこの点に存する。

戦争は決して政治の帰趣及び目的ではなく、その内容でさえもない。だが、それは、人間の行為と思惟を独特な方法で規定し、かくして政治特有な挙措を執らしむるに至る前提であり、しかも、実在的可能性として常に存在する所の前提なのである。それ故に、敵味方の区別の標識は決して、或る特定の民族は永久に他の特定の民族の敵であるとか或は味方でなければならぬとかを意味したり、または、中立は不可能であるとか、政治的に無意味であるとかを意味するものではない。中立という概念も、すべての政治的概念と同じように、かかる敵味方の区別の実在的可能性の蔭に存在するものに過ぎない。世の中に中立ばかりが存在するものと仮定したら、戦争のみならず、中立自身も無くなってしまうであろう。戦争の実在的可能性一般が喪われれば、一切の政治は消滅し、戦争を回避せんとする政治もまた消滅する。かかる最後的場合、即ち現実的戦争の可能性、及びかかる場合が存在するや否やに関する決定が、政治の基準である。かかる場合が僅かに例外的に現れるに過ぎぬという事実は、その規定的性質を否定するものではなく、ますますこれを基礎付けるものである。今日では戦争の数は、最早昔のように多くなく、且つ日常の事件ではないが、それにも拘らず、戦争の度数と日常性が減じたと同じ程度に、恐らくはそれ以上に、戦争の圧倒的全体的圧力は増加した。今日でも戦争は、やはり「危急存亡の場合」である。ここでは、他の場合と同じように、正に例外的場合が特に決定的な重要性を有し、問題の核心を示していると言い得る。蓋し、敵味方の政治的区別の極端な結果は、戦争の際に初めて示されるからである。人間の生活は、かかる極端な可能性から、政治に特有な緊張を獲得するのである。

戦争の可能性が悉く除去され、消失してしまった世界、すっかり平和化された世界は、敵味方の区別のない世界であり、従って政治のない世界であろう。こういう世界にも種々な、恐らく非常に興味のある対立や対比、並に各種の競争や陰謀は存在し得るであろうが、人間に生命の犠牲を欲求することが出来、且つ人間に血を流し、他人を殺害する権能を付与する根拠となるような対立は、有意義に存在し得ない。この点でも、かような政治なき世界の出現を理想的状態として、欲するや否やは、政治的なるものの概念規定に対して、問題とならない。政治的なるものの現象は、政治的なるものの宗教的、倫理的、審美的、経済的評価如何に関らず、敵味方の区別の実在的可能性に関係することによってのみ、捉えられるものである。極端な政治的手段としての戦争は、すべての政治的観念の根本に横たわれる所のもの、即ちかかる敵味方の区別の——単なる可能性にとどまらず——現実性を、顕わしたに過ぎない。それ故に、戦争は、かかる区別が人類の間に実在するか、或は少くとも実在的に可能である限りにおいてのみ、意味のあるものである。

これに反して、「純」宗教的、「純」倫理的、「純」法律的、或は「純」経済的動機から行われた戦争は、意味に反するものである。敵味方の区別、従ってまた、戦争は、かかる人間的思惟の領域における特殊な対立から導き出されたものではない。戦争は敬虔なものでなくとも、或は倫理上善きものでなくとも、或は儲からないものであっても、差支えない。敵味方の形而上学的対立を倫理的或は経済的に偽装する時代においては、戦争は恐らくそれらすべてのいずれでもあるまい。宗教的、倫理的その他の対立が政治的対立にまで高められ、敵味方の決定的闘争集団を結成せしむることがあるという事情により、かかる簡単な真理は、大抵の場合、紛糾せしめられている。ところでかような闘争的集団が結ばれるようになれば、決定的な対立は、最早純宗教的、倫理的乃至経済的対立ではなく、政治的対立である。それで、敵味方の結集には如何なる人間的動機が強く働いているかに関係なく、かような敵味方の区別は実在的可能性としてもしくは現実性として存在するや否や、ということだけが、いつも問題となるのである。

何物といえども、政治的なるものの持つかような論理的必然性を免れることは出来ない。戦争に対する平和主義的反対が非常に強くなり、その結果として、平和主義者をして非平和主義者と戦わしめ、「戦争に反対するに戦争」を行わしめるようなことがあれば、かかる平和主義的反対が実際に政治的勢力を持つことの証拠である。蓋し、それは、人々を敵と味方とに結合せしめるに充分な力を持つものだからである。戦争を阻止しようとする意志が非常に強くなり、その結果として、戦争自身を最早畏怖せぬようになれば、かかる意志は、正に政治的動因となったのである。即ち、それは戦争を肯定し、且つその上に戦争の意味を肯定するものである。——もっとも極端な偶発事として肯定するに過ぎないけれども。現在のところ、それは、戦争を是認するための特に有望な方法であるように見える。この場合に戦争は、その時々において「人類の決定的最後的戦争」の形で行われる。こういう戦争は、必然的に殊に残酷であり、凄惨である。蓋し、かかる戦争は政治的なるものを超えて、同時に倫理的その他の範疇において敵を貶黜《へんちゅう》し、これを残忍な怪物と化し、かかる怪物は防禦するばかりでなく、決定的に殲滅《せんめつ》してしまわねばならぬ。従って、それはもう、もとの居場所に押込めてしまえばよいような生やさしい敵ではない、と考えるが故である。敵味方の区別と、政治的なるものの認識とにとって唯一つの重要な事実、即ち、戦争は実在的可能性として今日もなお存在するという事実は、右に述べたような戦争の可能性によって、特に明らかに示されている。

（7）クラウゼヴィッツは、「戦争とは、他の手段を以てする外交政略の継続に外ならぬ。」といっている（「戦争論」、第三部、ベルリン、一八三四年、一四〇頁）。彼にとって戦争は、「政治の単なる道具」なのである。実際確かに戦争はそうなのであるが、しかし、政治の本質の認識に対する戦争の意味は、それだけでは未だ汲み尽されてはいない。兎に角、詳しく観察するならば、クラウゼヴィッツにおいては、戦争は決して多数の道具中の一つではなく、敵味方の結集の「最後の手段」なのである。戦争には戦争独自の「規約」（即ち、戦術上特別な法則性）がある。だが、政治は依然として戦争の「脳髄」である。戦争は「自らの論理」を持たない。即ち戦争は、敵味方の概念からのみ、自らの論理を獲得し得るのである。一四一頁の次の如き命題は、あらゆる政治的なもののかくの如き核心を示している。「戦争が政治に附属するものとすれば、戦争は政治の性質を帯びるであろう。政治がますます大規模に、ますます強力になるならば、戦争もまた、ますます大規模に、ますます強力なものとなるであろう。そしてそれは、戦争がその絶対的形態に達する高さまで、高まることが出来る。」と。戦争は、敵対関係の程度に応じて、ますます大きな戦争となり、或は、ますます小さな戦争になり得るものである。

4

宗教的、倫理的、経済的、民族的、その他のあらゆる対立は、人々を実際上敵味方に分類するに充分なほど、深くなると、政治的対立に変化するものである。或る宗教団体が、他の宗教団体の所属者に対する戦争であれ、その他の戦争であれ、自ら戦争を行う場合には、それは、宗教団体の範囲を超えて、一つの政治的単位体である。また、かかる宗教団体が消極的意味において、かの決定的事象（戦争）に対して影響力を持つ場合、即ち団体の所属員に禁令を発することに依って戦争を阻止し、相手方の敵たる性質を決定的に否定し得るような場合にも、それは政治的勢力である。同様なことは、経済的基礎の上に建てられた人間の結合、例えば産業コンツェルンとか、労働組合とかについても言われる。語のマルクス主義的意味における「階級」もまた、かかる決定的点に到達する場合には、換言すれば、階級「闘争」、即ち内乱を真面目に考え、階級の相手方を実際の敵として取扱い、彼を、国際間であれ、内乱の場合には国内においてであれ、攻撃する場合には、純経済的なものではなくなり、政治的勢力となるものである。こうなると実際の戦争は、必然的に最早経済法則に従って行われるものではなく、――狭義の戦術的乃至革命技術的意味における戦術と並んで――その政治的必然性、要領、提携、妥協等を持つことになる。一国の内部において「プロレタリアート」の闘争組織が政治的権力を簒奪する場合には、正に「プロレタリアの」国家が成立したのであるが、これは国民国家、僧侶国家、商人国家、兵士国家、官僚国家、またはその他の国家を担える階級により特徴づけられた政治的単位体と同様に、一つの政治的組織である。すべての人々をプロレタリアとブルジョアとの対立に従う、敵味方として、プロレタリア国家と資本家国家とに分類することに成功したと仮定し、且つかかる国家の内部ではその他一切の敵味方の集団がなくなってしまったと仮定するならば、――一寸見た所では、純経済的概念がかかる実在性を帯びているようだが、――政治的なるものの実在性が暴露されるであろう。しかしながら一国の内部における或る階級もしくはその他の集団の政治的勢力が、外部に向って行わるべきあらゆる戦争を阻止し得るところにまで、達したるに過ぎずして、自ら国家権力を受継ぎ、自ら敵味方を区別し、必要な場合には戦争を行うべき能力もしくは意志を持たないならば政治的単位体は破壊されている。

政治的なるものは、人間生活の種々な領域、即ち宗教的、経済的、道徳的その他の対立から、その力を得ることが出来る。政治的なるものは、これらの対立に対応するようなそれ自身の専門領域を表わすものではなく、人間の結合または分離の強度を表わすものである。これらの人々の動機は、宗教的、(人種的または歴史的意味における)国民的、経済的その他如何なる動機でもよく、且つ時を異にするにつれて種々な結合または分離を生ぜしむるものである。実際の敵味方の区別は、人間の存在に対して極めて強く且つ決定的な影響を及すものであるから、その結果として非政治的対立は、かかる区別が生ぜしめられた瞬間に、今までの「純」宗教的、「純」経済的、「純」文化的標識及び動機を却《しりぞ》け、それ以後は政治的情勢の全く新しい独特な(かの「純」宗教的、もしくは「純」経済的、その他の「純粋な」出発点から見るならば、往々にして甚しく矛盾した「非合理的な」）条件や帰結に従うようになるのである。兎に角、危急存亡の場合を目的として規定された集団は常に政治的である。

それ故に、抑々《そもそも》政治的単位体が存在する限り、それは全体的な且つ至上権を持つ所の標準的単位体である。第一にあらゆる問題は、潜在的には、政治的であり、従って政治的裁決を受けることが出来る。第二に人間は、政治に関与する場合には、全体的且つ存在的に捉えられる。こういう二つの理由によって政治的単位体は「全体的」というのである。政治は運命である。偉大な国法学者オーリューが政治的結合の特徴をば、人間を全体的に捉えている点にあると法学上見たのは、正しい。従って、或る団体の政治的性格の如何を試す試金石は、誓約の実践に存する。誓約の真の意味は、人間が全体的に、一身を捧げ、或は忠実の宣誓に依り「誓いにかけて（且つ存在的に）献身的に働く」点に存する。政治的単位体は、常に重大事件（それが例外的な場合であっても。）に対する決定権を概念上必然的に保有するという意味で、至上権を持つものである。「至上権」という言葉は、ここでは十分な意味を持っていた。それは、政治的単位体に属するすべての人間の生活は微細な点に到るまで悉く、政治的なるものの規定及び支配を受けなければならぬとか、中央集権的制度によって他の一切の組織や団体を破壊せねばならないとか、いうのではない。経済的にはいわば中立的な国家の政府が要望する一切のものよりも、経済的顧慮の方が強いことがあり得る。宗教的にはいわば中立的な国家の権力も、同じように、宗教的信念に対しては、容易に限界のあるものである。ここで問題とされるのは、いつも係争の場合である。経済的、文化的或は宗教的反対勢力が非常に強くなり、その結果、最後的場合に関する決定を自ら決定するような場合には、これらの反対勢力はちょうど政治的単位の新しい実体と化したのである。彼らが、彼らの利益や主義に反して決定された戦争を妨げるに充分な力がない場合には、彼らは政治的なるものの決定的点に達していなかったことが示される。彼らが、彼らの利益や主義に違背する戦争を妨げるに充分な力はあるが、自分自身の決定に依り、戦争を決定するに充分な力のない場合には――変転極まりなき妥協提携の中に苦しげに歩を運ぶ多元的政党国家の典型的状態である――、最早、統一的政治的勢力は存在しない。それは兎に角として、実際の敵に対して実際の闘争を行うような可能的最後的場合によって方向を定める結果として、政治的単位体は、必然的に、敵味方の区別を決定する単位体にして、(何らかの独裁主義的意味ではなく、)この意味において至上権を持つものであるか、さもなければ、政治的単位体は全く存在せざるかの、いずれかである。

国家の内部における経済的団体が大きな政治的意味を獲得している事実が認識され、殊に労働組合が生長して、組合の経済的権力手段たるストライキに対して旧き国家はかなり無力であったという事実が認められた時に、人々は尚早にも国家の死滅と終結を宣言した。私の知る限りにおいて、それは、一九〇六年乃至一九〇七年以来漸く、意識的理論として、しかもフランス及びイタリアのサンディカリストの間に、提唱されたのである。(9) 彼らは、「多元的」国家論を生ぜしむべき刺戟を与えた。彼らの根本学説は、ドイツの国法学者殊にオットー・フォン・ギールケの学派に依って代表されていたような、「すべての人間的団体の本質は同じである。」という説であった。また、彼らの哲学的基礎及び政治的神学は、究極の統一、「宇宙」、「体系」などを求めんとする欲求を、迷信であり、中世のスコラ哲学の残滓であると考えるウイリアム・ジェームズのような、アメリカの哲学者の懐抱する「実用主義」であった。それによって、人々は政治的理論と「多元論」の綱領を結付けたのである。かかる学説は、大体において相変らず自由主義的な考え方をしていた第二インターナショナルに適当である。徹底せる自由主義にとっては、個人という一つの実在、及び全体としては人類が存在するだけである。共産主義者が実在として把握するような闘争的階級は、多元的理論から見れば、政治上中立的な、自由な労働組合と化し、若干の政治的党派の一つになってしまう。個人の「社会的生活」は、多数の各種の団体、組合、結社などによって支えられているが、これらの団体は、その上に「最高の統一」を有するのではなく、むしろ相互に相対的関係を保ち、かくて個人がその自由主義的優越性を失うことを妨げている。このようにして、個々の人間は無数の種々様々な社会的束縛並に結合関係を保ちつつ、宗教社会、国民、労働組合、政党、家族、スポーツ倶楽部、国家、並にその他多くの「社会団体」の一員として生活しているのであるが、これらの諸団体が個人の行動を規定し、個人に「多数の誠実義務及び忠誠」の義務を負わせる程度は場合場合によって異り、且つこれらの団体の中の一つが無条件に決定的勢力を持ち、至上権を有するということは出来ない。むしろ種々な「社会団体」は、それぞれ異った領域で、最も強力な団体であることが、示され得る。そして各団体の忠誠及び誠実の束縛相互間の係争は、場合場合によって決定され得るのである。例えば、或る労働組合が、もう教会へ行くなというスローガンを掲げている場合、それにも拘らずこの団体の組合員たちは教会へ行っている、だがそれと同時に、労働組合を脱退すべしという教会の発した請求にも従わないというようなことが考えられるであろう。

この理論では、唯一つのこと、――それはそうと、これは、一九一九年から一九三二年に至るまでドイツを支配した多元的政党国家でも認められたことであるが、――即ち教会と労働組合とが同列に置かれているという事実、が興味あるものである。これら二つのものは、本来の典型的団体である。教会と労働組合とのかかる奇妙な連合の持つ政治的論争的意味は、容易に認識される。即ち両者は、国家に対して共通な対立関係を結んでいるのである。[11] この点につき、一見もっともらしい実例を与えている所の歴史上の先例は、カトリック教会及び社会主義者に対して、ビスマルクが同時に弾圧を加え、しかも同様に失敗したという事実である。ローマ教会に対する「文化闘争」において、ビスマルク帝国という不撓不屈の力を待った国家でさえ、全能ではなかった事実が示されたのである。これと同じく、この国家は、社会主義的労働者階級に対する闘争において勝利を得なかったし、経済的領域では、「罷業権」の中に存する勢力を労働組合の手から奪取することは出来なかった。かくて、これらのビスマルクの敵は一九一八年のドイツ帝国崩壊後、君主政的連邦国家の椅子を占め、文化闘争及び社会主義者取締条例の残滓として、なお十四年間も生き続け、多元的政党連邦国

家を構成することが出来たのであった。(12)

この種の多元主義は、国家が自由主義的「法治国」として麻痺せしめられ、あらゆる真の闘争を回避する限りにおいて、可能である。それにも拘らず、多元主義では、闘争の場合を決定し、敵味方の決定的区別を定めるのは、（吾々はこの点について「社会的単位体」という自由主義的な不確実な言葉を受継ぐことが許されるならば、）如何なる「社会的単位体」であるか、という唯一つの問題が残っている。教会も、労働組合も、乃至は両者の同盟も、ドイツ帝国がビスマルクの下に行おうとした戦争を禁示したり、阻止したりしなかった。勿論、ビスマルクは法王に向って宣戦することは出来なかった。しかしそれは、法王自身が最早交戦権を持っていなかったために過ぎない。そしてまた、社会主義的労働組合も、「交戦党」として打って出ようなどとは考えていなかった。兎に角、自ら政敵になり、且つ政敵なる概念から、生ずるあらゆる結果を引受けることなく、最後的場合に関する当時のドイツ政府の決定に反対することが出来たような、或は反対することを欲したような機関は考えられなかった。反対にその当時、教会も労働組合も、公然たる国内戦を承諾しなかった。(13) かかる事情は至上権と単位体に関する合理的概念を基礎付けるに充分である。政治的単位体は、如何なる勢力からその究極の精神的動機を得ようとに関らず、正にその本質上、決定的な単位体である。政治的単位体は存在するか、さもなければ、それは存在しない。それが存在する場合には、それは最高の、即ち最後的な場合に決定を下す単位である。

国家は一つの単位体であり、しかも決定的単位体であるということは、その政治的性質に基く。多元的理論は、例えば一九一九年から一九三二年に至るドイツの政党連邦国家のように、社会的諸団体の日々の妥協により一単位体を為していた国家を思想的に模写したものであるか、それとも国家の解消及び否認の道具に過ぎざるものか、そのいずれかである。政治的単位体を「政治団体」として、例えば宗教団体、経済団体のような他の団体と本質上同一なものとして扱う場合には、何を措いても先ず、政治的なるものの特有な内容如何の問題に答えなければならぬであろう。批判的な炯眼をもって、過去の国家の過度の強気や、国家の「高権」や、国家の「全能」や、最高単位の「独占」などに反対するだけでは、充分でない。多元的制度においては、国家は、古い自由主義的様式により、本質上「非政治的」に規定されたる社会の単なる下僕として、或は特別な新しい社会として、即ち他の諸団体と並存する団体として、或は最後には、社会諸団体の連邦主義の所産もしくは一種の組合諸団体の領土的乃至

「国民的」親《おや》団体として現れる。だが、就中やはり次の問題、即ち如何なる理由によって人間は、宗教的、文化的、経済的その他の組合団体と並んで、なおまた政治的組合、「政治団体」を組織するのであるか、且つこの最後の種類の組合団体に特有な政治的意味は如何なる点に存するかという問題が、説明されなければなるまい。この点につき多元的国家は、その理論においても、その実際（吾々は一九一九年から一九三二年に至るまで、ドイツで充分に経験している。）においても、自由主義と社会主義との間に位する薄明、従って、それに伴う私的なるものと公的なるものとの間に位する薄明の中に留っているのである。かかる薄明の中にあっては、或は政党として、或は国家として、或は「単なる私人」として、或は国家官庁として、政治的危険なくして国家的なるものの利益を獲得し、両手で遊ぶことが出来るのである。国家論としては、多元論は一つの兆候に過ぎない。多元論は畢竟、或る団体と他の団体とを争わして、政治的に無責任な個人と政治的に無責任な「団体」のために、漁夫の利を得せしむること、以外の何ものでもない。

実際には、政治的「社会」、「組合」、「団体」などというものはない。唯々政治的単位、政治的単位体政治的「共同体」があるだけである。敵味方の区別の実在的可能性は、単なる社会的団体的なるものを超えて、特殊的なそれとは異りたる、且つ他の団体に対し決定的勢力を持つ標準的単位体を作り出すに充分である。かかる単位体自体が万一無くなるならば、政治なるもの自体も無くなってしまう。政治的なるものの本質が認識されず、且つ顧慮されぬ限りにおいてのみ、政治的「団体」乃至「組合」を、多元論的に、宗教的、文化的、経済的その他の組合団体と同置し、これらの諸団体と競争せしむることが可能なのである。勿論、後に（第7章で）示めそうと考えているように、政治的なるものの概念からは、多元論的諸結果が生ずるのであるけれども、それは、単位と共に政治的なるもの自体も破壊されることなしに、同一の政治的単位体内において、組織が多元的決定的な敵味方の集団に代り得るなどという意味においてではない。

(9) この重大な事件とは、歴史上かくも巨大な地位を占めていた所の、奇妙な不思議な存在物の死である。即ち国家は死んだのである。ベール著「社会主義運動」、一九〇七年十月。ベールの思想はジョルジュ・ソレルに発している。

(訳註) 註8、及び註10は原文に掲げられていない。蓋し原文の番号の誤植であろう。

(11) ジョン・ネヴィル・フィジスは、その著「近代国家における教会」（ロンドン、一九一三年）において、次のように述べている。中世における教会と国家、即ち法王と皇帝、もっと詳しくいえば、僧侶階級と世俗的階級との争いは、二つの「社会《ソキエティエス》」の闘争ではなくて、同一の単位体内部の内乱であった、今日ではこれに反して、ここで互に対立しているのは、二つの社会《ポプリー》である、と。この主張は、教会対帝国の問題が教会対国家の問題と全く別なものであることを認識するための適当な出発点であるように思われる。キリスト教教会に関しては、唯一つの帝国と、唯一人の皇帝と、唯一人の教会の長が存在するのみである。しかし法王両立以前の時代における法王と皇帝との関係は、法王は権《アウクトリタス》威を有し、皇帝は権力《ポテスタス》を有し、従って同じ単位体内部で役割の割当が行われる、という公式が当嵌められたのであるが、十二世紀以来、カトリック教義は、教会と国家は二つの社会であり、しかも二つの完全な、（それぞれの領域において最高権を有し、且つ自主的な）社会である旨を、固執するようになった。勿論その場合、教会の側においては、唯一の教会のみが完全社会と看做されているが、国家の側においては、今日多数の（無数ではないとしても、）完全社会が出現している。その数の多いことによって、確かにその「完全性」は非常に疑わしいものになっているが。

(12) アングロサクソン的色彩を帯びた多元的理論の特色たる、教会と労働組合との同置は、カトリック教会の理論では、勿論考えられない。同じようにカトリック教会は、労働組合的インターナショナルと同じ本質のものとして取扱われることも出来ないであろう。事実、社会民主主義的多元論者たるラスキは教会を、社会民主主義的労働組合及びその自由主義的個人主義のための国家論的副馬として利用しているに過ぎない。兎に角、残念ながら、ドイツ中央党と社会民主党とは十四年もの間提携していたにも拘らず、カトリックの側においても、かの多元論者においても、両者の理論とその相互関係との明確な徹底的究明は行われていない。

(13) 後に大僧正となったニューマンが、(一八七四年に、「法王の訓令が臣民の忠誠に対して有する意義」というグラッドストーンの著作について、) ノーフォーク公に当てた手紙の中の次の文章は、係争の問題に対する解答にとって興味のあるものである。「イギリスがイタリアを支持するために、法王とその同盟国に対して軍艦を派遣しようとしていると仮定するならば、恐らくイギリスのカトリック教徒はかかる行為に対して大に憤激し、まだ戦いの始まらぬ中に法王に味方して、戦争を阻止するために、憲法に定められたあらゆる手段を用いることであろう。だが、一度戦火が燃え上ってしまえば、戦いの終了を祈ったり、尽力したりする以外に、敢えて行動するものがあるなどと考えられるであろうか。彼ら教徒は何らかの叛逆的行為に出るであろうなどと主張することの出来る理由はあるだろうか。」

5

交戦権、即ち万一の場合には、自己の裁定によって敵を決定し、これを攻撃するという実在的可能性は、本質上政治的単位体たる国家に属する。如何なる技術的手段を用いて戦闘は行われるか、如何なる軍隊組織が存在しているか、どれ位の勝算があるか、などということは、政治的に統一せる民族が、自己の生存と自己の独立のために戦う決心をする以上、——その際、各民族は自己の独立及び自由が何処に存するかを、自己の裁定によって決定するのである——ここではどうでもいいことである。戦術の発展は次のような状態に導いたように見える。即ち、有望な戦争を行うことが許されるような工業力を持つ国家は、恐らく極く僅かしか残存せぬこととなった。且つ他方において、弱小国家は、大国の政治組織の庇護を求めるか、或は正しき同盟政策によってその独立性を護ることの出来ぬ場合には、自発的にもしくは已むなく交戦権を放棄する実情となった。かかる発展によって、戦争、国家並に政治一般が無くなってしまったということは論証されない。人間の歴史と発展との無数の変化及び変革はいずれも、新しい形態と新しい拡がりを持った政治的集団を生ぜしめ、以前から存在していた政治組織を破壊し、対外戦及び内乱を惹起し、組織化された政治単位の数を或は増加し、或は減少せしめたのである。

決定的政治的単位体たる国家は、巨大な権能、即ち戦争を遂行し、かくして公然と人間の生命を支配する可能性を掌握した。蓋し、交戦権はかくの如き処分を含むものである。即ちそれは、自国民には死の覚悟と殺戮の準備を要求し、且つ敵の側に立つ人間を殺害するという二重の可能性を意味するものだからである。ところで、正常的国家の仕事は、就中、国家及びその領土内において完全な満足をもたらし、「平和と安全と秩序」とを作り出し、それによって正常的状態をもたらす点に存する。かかる正常的状態は一般の法律規範が妥当し得るための前提である。蓋しすべての規範は正常的規範を前提し、如何なる規範でもこれに対して全く異常的な状態では妥当することが出来ないからである。かかる国内的満足の必要は、非常時局には、政治的単位体としての国家が自ら存在する限り、「内敵」をも決定するに至らしめている。

それ故に、すべての国家には、何らかの形態において、ギリシア共和国の国法が敵《ポレミオス》としての宣言として、ローマの国法が敵《ホスティス》としての宣言として認めていたようなもの、即ち厳しかったり、緩やかであったり、事実自身で現れたものであったり、特別法に基いて法律の形で作用するものであったり、公然たるものであったり、一般的解釈の中に隠されたるものであったり、その種類は種々あるが、兎に角、そういった種類の追放、破門、人権剝奪、平和の剝奪、法律保護の停止、約言すれば、国内的対敵宣言が存在するものである。それは、異分子のいない同類だけの社会乃至政治的単位体の再建であるか、それとも、国家の敵たる宣言を受けた者の行動如何に応じて、内乱、即ちそれ自体で自足的生活を営み、領土的にそれ自体纏った、他国人には入り難い組織的政治単位体としての国家の解体の兆候であるか、のいずれかである。この場合には、内乱に依ってこの単位の将来の運命が決定されるのである。

ギリシアの歴史のうちでは、デモファントスの人民決議が最も有名な例であろう。アテネの人民が紀元前四一〇年に四百人の追放を行った後で採択したこの決議は、アテネの民主政治の解体を企てたものはすべてアテネ人の敵である（ポレミオス・エストー・アテーナイ・オノン）と宣言した。更にヨリ以上の実例と文献は、ブゾルト・スヴォボーダァ著「ギリシアの国家学」（一九二〇年第三版）の二三一頁及び五三二頁に挙げられている。スパルタの監督官が、国に生活する奴隷に対して毎年宣戦布告を行ったことについては、同書六七〇頁を参照のこと。ローマ国家法における敵としての宣言については、モムゼン著「ローマ国家法」第三巻一二四〇頁以下、人権剝奪については同所及び第二巻七三五頁以下、平和の剝奪、追放、破門については、ドイツ法制史に関する有名な教科書と並んで、就中アイヒマンの「中世期の帝国法における追放及び破門」（一九〇九年）を参照せよ。フランス革命史における、ジャコバン党及び公衆救済委員会の実行した仕事の中には、法律保護の停止の行われた数多の例が見出される。平和の剝奪は、特定の宗教もしくは党派の所属者は平和的もしくは適法的心情が欠如せるものと看做されるという風にしても、行われることがある。これに対しては異端者、邪教徒その他の内的な敵の政治史の中に無数の実例が見出される。これらの場合の特色は、異端者は正に実際に決して平和的であり得ないという論証である。ヴァイマルの連合組織は国民社会主義者を非合法的な「非平和的なもの」として取扱った。

刑の宣告の形で人間の生死を支配する権能、即ち生殺与奪の権は、政治的単位体内に存在するその他の団体、例えば家族または家長もこれを有することが出来る。だが、政治的単位自体が存在する限り、他の団体は交戦権もしくは敵としての宣言を下す権利を有することは出来ない。抑々政治的単位を存続せしめんとするならば、家族または血族間の復讐並に各個人間の決闘の権利も、少くとも戦争の期間中は中止されねばならないであろう。政治的単位体のかかる諸結果を放棄せんと欲する人間団体は、政治的団体ではない。蓋し、それは何人を敵と認め、敵として扱うかについて決定的裁決を下す可能性を放棄することになるであろうからである。人間の肉体的生命に対するかくの如き支配権に依って、政治的共同社会は、あらゆるその他の類の共同社会もしくは利益社会の上に位するものである。その場合には、更にその共同社会の中に、固有のもしくは最高団体から委任された権能、即ちヨリ狭い集団の所属者に局限された生死に対する支配権を有する第二次的な政治的性質を有する下級団体が存在することがある。

6

宗教団体たる教会は、その所属員に対して、信仰のために死し、殉教者の死を甘受するように要求することが出来る。だが、他の人間団体と闘争する所の現世の権力組織としての教会的団体のために、かかることを要求することは出来ない。そうでないならば、それは政治的勢力になってしまう。彼らが行った幾多の聖戦及び十字軍は、特に真正な深い敵視に基く行動なのである。経済的規則の範囲内でその統制即ち計算的活動が行われるような、経済的に規定された社会では如何なる見地からするも、その社会の成員に、この規則の働きが妨げられぬよう、彼の生命を捧げて欲しいなどと要求することは出来ない。経済上の合目的性に拠り、かくの如き要求を基礎付けることは、自由主義的経済秩序の個人主義的原則に対する矛盾である。しかのみならず、「自律的」に自らを規制するものと考えられている経済の持つ規範または理想に拠っても、説明されぬであろう。個々の人間は、己の欲するもののために、自ら進んで死ぬことが出来る。それは個人主義的自由主義的社会における一切の本質的なるものと同様に、全くの「私事」である。即ち自由に決心する者以外には関係のない、自由な、他の支配を受けることなき決心の問題である。経済的機能社会は、経済的競争の敗者、及び不成功者、否その「攪乱者」をさえもその循環外に置き、これを非暴力的、「平和的」方法に依り無害なものに化する手段を持っている。具体的に言えば、人々が自ら進んで順応しない場合には、経済社会は、彼を餓死せしめるのである。純「文化的」もしくは「文明的」社会組織においても、望ましくないものの増加を放逐し、不適格者を「自殺」もしくは「静死法」によって消滅させるような「社会的兆候」がないわけではない。だが、如何なる綱領も、理想も、合目的性も、他人の肉体的生命に対する公然たる支配権を基礎付けることは出来ないであろう。

生存者の商工業が繁栄し、その子孫の消費力が増加するために、他人を殺戮し、自らも死ぬ覚悟を持てと、真面目になって人々に要求するようなことは、…………………、…………………。殺人としての戦争を呪った挙句、「決して再び戦争」などのないように、人間は戦争を行い、戦争で人を殺し、自らも殺されよと、………………………………………………………………。戦争、戦う人々の決死の覚悟、敵の側に立つ他人の肉体的殺害、それはすべては規範的意味ではなく、存在的意味を有するものであるに過ぎない。しかしそれは現実の敵に対する現実の闘争状態の実在という点に意味があるので、何らかの理想、綱領乃至規範性という点に意味があるのではない。規範は如何に正しかろうとも、綱領は如何に優れていようと、「社会的理想」は如何に美しかろうと、人間がそのために相互に殺し合う事実を「正当化」することの出来るような、合理的目的、規範、綱領、「社会的理想」、乃至適法性または合法性などは存在しない。殺人を正当化することの出来るのは、かかる人命の物理的破壊が、自己の存在形式の存在を否定するものに対して、自己の存在形式の存在を主張するために、行われる場合に限る。倫理的規範や法律的規範を以てしても、戦争を基礎付けることは出来ない。ここで考えられているような存在的意味において現実に敵が存在する場合、必要とあらば彼らを物理的に防ぎ彼らと戦うことは意味のあることであり、しかも政治的に意味のあることである。

　公正なる戦争の要求の中には、多種多様な思惟過程が含まれ得る。今日、公正なる戦争を要求する措辞は、普通に政治目的の隠蔽に用いられているに過ぎない。蓋し、彼らは正義をば、何らかの法律的規範もしくは特定の裁判官乃至裁判所の法律的措置の中に求め、諸民族の現実的存在に求めぬからである。政治的に統一せる民族に対して、正当な理由のある場合にのみ戦争を行うようにして欲しいと要望することは、現実の敵に対してのみ戦争を行っても差支えないという意味とすれば、全く当然なことである。しかしながら、往々にして公正な戦争の要求の背後には、交戦権の支配権を密かに他人の手に委ね、具体的な場合場合に他人、即ち第三者が、裁判官として、その内容及び適用如何を決定するような正義の規範を見出し、結局第三者をしてかかる方法により何人が敵なりやを決定せしめんとする政治的努力が隠されている。或る民族が政治の領域に存在する限り、たとえ極端な場合——だが、かかる場合が存在するや否やについては自らこれを決定するのであるだけではあるが、該民族は敵味方の区別を、自分で自己の決定に依り、自己の危険において、決定しなければならぬのである。この点に民族の政治的存在の本質がある。民族が最早かかる区別を行う能力或は意志を持たないならば、それは政治的存在を停止したのである。かかる民族が裁判所もしくは誰か他人の口から、彼の敵は何人なりや、彼は何人に対して戦うべきか、戦うべからざるか、について指図を受けるような場合には、該民族は最早政治的に自由な民族ではなく、別な政治組織に編入されもしくは従属せしめられたのである。戦争というものは、理想とか法的規範とかのために行われるという点にその意味を有するのではなく、現実の敵に対して行われるという点に意味を有するのである。

従って政治的に存在する民族は、万一の場合に際し、自己の決定により且つ自己の危険において、敵味方を区別することを断念することは出来ない。所謂一九二八年のケロッグ条約において行われたように、[14] 国際的争闘の解決手段としての戦争を弾劾し、「国民的政策の道具としての」戦争を放棄する旨の宣言を厳粛に発表することは出来る。しかしそういったからとて、国際的政策の道具としての戦争を放棄したのでもなければ、

（しかも国際的政策に用いられる戦争は、唯々国民的政策にのみ用いられる所の戦争よりも、悪性であり得る）、戦争一般を「弾劾」したりもしくは「追放」したのでもない。第一にかような宣言は、公然もしくは暗黙のうちに了解されている留保条項、即ち政治に特有な決定に手を触れざる特定の留保条項、例えば、国家の自立及び自衛の留保、現存の条約、自由独立な存在を続ける権利の留保などを受けている。第二にこれらの留保条項は、その論理的構造に関しては、決して単なる規範の例外をなすものでなく、かえってこれらの留保条項こそ規範一般にその具体的内容を与えるものである。それは例外留保的な、義務の末梢的制限ではなく、それなくしては義務が無内容となるような規範的な留保である。第三に独立的国家が存在する限り、この国家がその独立性に基き、自分自身で、かような留保条項の適用される場合（自衛、相手方の攻撃、ケロッグ条約それ自身を含む現存条約の侵犯等）の存否を決定するのである。最後に第四として、吾々は決して「戦争」を「追放」することは出来ない。追放することの出来るのは、「追放」によって敵なりと宣言さるべき特定の人々、民族、国家、階級、宗教等に過ぎないのである。

かくの如く、条約などに依る壮厳な「戦争の追放」は敵味方の区別を揚棄するものでなく、国際的対敵宣言なる新たな可能性により、敵味方の区別に新たな内容と新たな生命を与えるものに他ならない。敵味方の区別がなくなれば、抑々政治的生活なるものがなくなってしまう。政治的存在を続ける民族は、誓約的宣言によって、この運命的な区別を免れることは出来ない。国民の一部が、最早敵を認めない旨を宣言するならば、彼らは状況に応じては、敵に加担し、敵を助けることになる。けれどもそうなったからとて、敵味方の区別が揚棄されたのではない。或る国の市民が自分一身について、吾々は個人的に敵を持たぬと主張する場合、これはこの問題と何の関係もない。何となれば、私人は政治上の敵を持たぬからである。彼はかような宣言に依って、せいぜい次のようなことを言おうとすることが出来るに過ぎない。即ち、彼はその生活上自分の所属する政治的団体の外に出て、単なる私人として生きたいと思う、と言い得るに過ぎないのである。(15) 更に、個々の民族は、全世界に対して友好関係を宣言することにより、或は自発的に自ら武器を捨て、軍備を撤廃し、中立化することにより、恐らく敵味方の区別自身を片付けてしまうことが出来るであろうなどと考えるのは、間違いであろう。こういう風にして、世界から政治を除去することは出来ないし、且つ世界は純道徳的、純合法的、純経済的な状態に移されるものではない。或る民族が政治的生活の苦労と危険とを恐れる場合には、彼の「外敵に対する保護」を引受け、従って政治的支配をも引受けることにより、彼からこの苦労を取去ってくれるような他の民族が存在することであろう。しかる時には保護と服従との永久的関係に基いて、保護者が敵を決定することになるのである。

　領主と家臣、首領と従者、主人と中間《チュウゲン》の関係の封建的秩序ばかりが、かかる原則に基いているのではない。かかる封建的秩序は、這般の関係を隠すことなく、公然と特に明らかに示しているに過ぎない。しかのみならず、保護と服従の関係なき上下の関係、合理的適法性乃至合法性は存在しない。我保護するが故に義務を課す《プロテゴーエルゴーオブリゴー》、ということは、国家の我考う故に我在り《コギトーエルゴースム》である。この命題を組織的に意識せぬような国家論は、依然として不完全な断片たるに留る。ホッブスは（一六五一年の英国版の末尾、三九六頁において）、彼の著書「専制国家論《レヴィアサン》」の本来の目的をば、「保護と服従との相互関係」を再び人々に示すことにありとし、かかる関係の不屈の観察は人間性並に神の法の要求する所であるとなした。ホッブスはこの真相を、内乱の行われた多難な時代に経験した。蓋し当時においては、全く平穏な時代には人々が政治的現実について好んで思違いをする原因となったあらゆる正統主義的規範主義的幻想が消え失せていたからである。一国の内部において若干の組織的党派が、その所属員に対し国家よりもヨリ多くの保護を与える状態にある場合には、国家はたかだかこれらの党派の附属物となるに過ぎず、個々の国民は彼は何人に従うべきかを心得ているものである。かような状態は上に（二三頁以下）扱われたような「多元的国家論」を承認することが出来る。外交関係及び国際関係においては、この保護服従の公理の根本的正しさは、もっとはっきりと現れる。国際法上の保護国、盟主的国家連合または連合国家、各種の保護条約及び保障条約は、かかる保護服従の関係の中に、その最も簡単なる公式を見出すのである。

武装のない民族は味方を持つばかりであるなどと信ずるのは、愚かなことである。恐らく敵は吾が無抵抗の態度に感動することだろうなどとは、下等な胸算用に過ぎぬ。或る民族が政治の領域において自らを固執する実力または意志を最早持たぬということによって、政治的なるものがこの世から消え失せるわけのものではない。唯々弱い民族だけが消え失せるに過ぎない。

（14）ドイツの政府訳（ライヒスゲゼッツブラット、一九二九年、第二巻、九七頁）は、「国際紛争解決手段としての戦争を有罪と宣告する《フェアウールタイレン》」といっている。ところが英米の本文はコンデムという言葉を用い、フランス語の本文はコンダネという言葉を用いている。一九二八年八月二十七日のケロッグ協定の本文は、次のような極めて重要な留保条項を伴っている。――イギリスは、国民的名誉、自衛、国際連盟規約、ロカルノ条約、エジプト、パレスチナ地方の安寧及び保全。フランスは、自衛、国際連盟規約、ロカルノ条約及び中立条約、就中、ケロッグ協定自身の遵守。ポーランドは、自衛、ケロッグ協定自身の遵守。国際連盟規約。――資料、「国際連盟及び平和確保に関する政治問題」（トイプナー歴史研究資料集、第四巻第十三冊、ライプツィヒ、一九三〇年）中に復刻せらる。留保に関する一般的法律上の問題は、未だ体系的に扱われたことがない。契約の神聖及び契約は遵守せざるべからずという原則が、詳細に論ぜられた場合でさえ、体系的な研究は行われなかった。しかし、従来行われたことのない学問的研究の、極めて注目に値する端緒を開いたのは、カール・ビルフィンガーである（「政治法の考察」、外国公法雑誌、第一巻、五七頁以下、ベルリン、一九二九年）。平和化された人類に関する一般的問題については、本書三六頁以下を参照のこと。ケロッグ条約が戦争を禁ずるものではなく、かえってこれを是認するものなることについては、アルトゥール・ヴェーグナー著「法学概論」第二巻（ゲッシェン文庫一〇四八番）、一〇九頁以下を参照のこと。

(15) かかる場合には、この種の非社会的な、政治に無関心な変物的存在を、何らかの方法に依り、（外国人に関する法律による特権の付与、組織的隔離、治外法権、滞在許可、居留地制、居留外国人に関する立法、その他によって、）統制することが、政治的国家の仕事となる。危険のない非政治的生活を求めようとする努力（ブルジョアの定義）については、四四頁以下のヘーゲルの言葉を参照のこと。

7

政治的単位は、敵の実在的可能性従って他の政治的単位体の同時的存在を前提している。故に、抑々《そもそも》国家なるものが存在する限り、この世にはいつも若干の国家が存在するもので、全世界並に全人類を包括する世界「国家」は存在し得ない。政治的世界は多元的世界であって、統一的世界ではない。その限りにおいてあらゆる国家論は「多元論的」である。だがそれは、民族の政治的単位体を否定するような意味を持った、上述の（二三頁以下）国内的多元的理論とは異った意味で、「多元論的」なのである。

政治的単位体はその本質上、全人類並に全世界を包括する単位体という意味で一般的ではあり得ない。種々な民族、宗教、階級、その他全世界の人間の集団が悉く統一され、その結果、彼らの間の戦争が不可能になり且つ考えられなくなるならば、且つまた全世界を包括する国家の内部では内乱の可能性すら事実上常に考えられないようになるならば、従って敵味方の区別の単なる未必性さえ全くなくなってしまうならば、人間はこの世における人生の快楽を完全に確保したことになるであろう。人はこの世で完全な確実を望むべきではない――完全《プレーナー》な安全《セクリタス》は、現世《インハック》において《ヴィーター》、期待《ノン》さるべき《エクセペクタンダー》ものに非ず――という古い諺は、修正されるであろう。従って政治も国家も存在せぬこととなり、最早政治と無関係な世界観、文化、文明、経済、倫理、法律、芸術、談話等のみが存在するに過ぎないであろう。世界及び人類のかような状態が出現するかどうか、或はいつ出現するだろうかは、私は知らない。目下のところでは、こういう状態は存在しない。かかる状態が今日または明日にも存在するように仮定することは、欺瞞を目的とした擬制といえるであろう。ドイツに対する最近の数戦争は「世界戦争」であったのであるから、従ってこの戦争の終了は「世界平和」であり、かくして完全な決定的な非政治化という牧歌的な最後的状態であるに違いないなどと考えるのは、すぐ片付けられる妄想である。

ては、人類それ自身は戦争を行うことは出来ない。蓋し、それは少くともこの地球においては、敵を持たぬが故である。人類なる概念は、敵という概念を排除する。何となれば、敵もやはり相変らず人間であり、その点においては特別な区別は存在せぬからである。いろいろな戦争が人類の名において行われていることは、かかる簡単な真理を否定するものではなく、特に強い政治的意味を持つものになるに過ぎない。或る国家が人類の名において彼の政治上の敵を攻撃することがあるが、それは人類の戦争ではなく、特定の国家が（相手方を犠牲として）自らを人類なる概念と一致させるために、その戦い相手から普遍的概念を押収しようと試みるような戦争なのである。同様に、平和、正義、進歩、文明などという言葉を自己のために要求し、これらを敵から剝奪するために、これらの意味を濫用することがある。「人類」という概念は、帝国主義的勢力拡張のために特に役に立つ道具である。しかのみならず、この言葉は、その倫理的人道主義的形態において、経済的帝国主義の全く典型的な道具である。これに対しては、人類を口にするものは、詐欺を行わんとする者だ、というプルードンの印象的な言葉が、明らかな変容の下に、妥当する。「人類」という名前を使用すること、人類を楯に取ること、この言葉を独占すること、これらすべては（こういうような名前を使用すれば、どうしても必ず或る結果を惹起すものであるから）、敵から人間の属性を剝奪し、敵は法律の保護外にあり、且つ人道に外れたる旨を宣言し、かくして戦争を極端な非人道的なものにまで駆り立てようとする恐ろしい要求を示すものに過ぎない。[16] しかしながら、かくの如く人類という非政治的な名前を極度に政治的に利用する場合を除けば、人類の戦争それ自体は存在しない。人類というのは、政治的概念ではない。また人類に対応するような政治的単位たる団体及びこれに対応するような地位はない。十八世紀の人道主義的な人類概念は、当時存在していた貴族政治的封建的乃至身分的秩序及び特権を議論上否定せんとする政治的意味を持っていた。自然法的並に自由主義的個人主義的理論の人類は、普遍的な、即ち地上のあらゆる人間を包括した「社会的理想」、個々の人間の間の関係の体系であって、かかる人間関係の体系は、最早戦争の実在的可能性が存在せず、且つあらゆる敵味方の徒党が不可能になった場合に初めて、現実に存在することになるのである。かくの如き普遍的理想社会には、最早政治的単位体としての民族、相争う階級は固より、抑々敵なる集団は存在しないのである。

民族同盟の目的は、民族同盟が論争上の反対概念として、君主同盟及びその密室政策に反対し得た限りにおいて、明瞭であり、明確であった。即ちこのようにして、十七世紀に、ドイツ語の「民族同盟」という言葉が成立したのである。君主政治の政治的意味が失われると共に、かかる論争的意味も失われる。更に、「民族同盟」は、一国もしくは国家連合の帝国主義のために、他の国々に向けられたイデオロギー的道具たることがあり得る。その場合には、これに対して、前に「人類」という言葉の政治的使用について述べたすべてのことが当篏る。しかのみならず、最後に、全人類を包括するような民族同盟の設立は、「人類」という普遍社会なる非政治的理想状態を組織せんとする、従来の勿論極めて不明瞭な傾向に対応することが出来よう。それ故に、殆どいつでもかなり無批判的に、かような民族同盟は「普遍的」なものにならねばならぬ、即ち世界の全国家がその成員にならねばならぬ、ということが要求されているのである。けれども普遍性というものは、政治の完全な停止、従って就中先ず第一に少くとも国家の完全な消滅を意味するものでなければならぬ。

こういう観点から見れば、一九一九年にパリ平和条約によって作られたジュネーヴの組織、即ちドイツでは大抵「民族同盟《フェルカーブント》」と呼んでいるような——むしろその仏英の公式の名称（ソシエテ・デ・ナシオーン、リーグ・オブ・ネイションズ、国際連盟）

で呼ぶ方が適当だが——組織は、内面的に矛盾に満ちた組織として現れている。即ちこの連盟は国際的組織であって、国家自体を前提し、国家間の若干の相互的関係を規制し、その上に彼らの政治的存在をも保証するというのである。国際連盟は世界のあらゆる国々を包括した普遍的組織でないばかりでなく、それは国際的組織でさえもない。ドイツ語の言葉遣いでは、「国際的」という言葉は「国家間の」というものとは明らかに区別される。国境を越え、その囲壁を貫いて、現存国家の従来の領土的封鎖性、不可侵性、「不滲透性」を破るような運動とか組織、例えば第三インターナショナルの如きものだけが、国際的なものである。この点において直ちに、国際的と国家間との対立、非政治化された普遍社会と各国家間の今日の国境の現状の保証との根本的対立が示されている。「国際連盟」の「科学的」研究が如何にしてかような対立を看過し、その上になお、混乱を助長することが出来たかは、結局のところ殆ど不可解である。ジュネーヴの連盟は国家を揚棄せぬと同様に、戦争の可能性を揚棄するものでない。連盟は戦争の新たなる可能性を導き入れ、戦争を許容し、連合戦争を促進し、且つ或る種の戦争を適法と認め、これを是認することに依って、一連の戦争の障害を除去しているのである。

今日までの実情の通り、このジュネーヴの施設は、如何なる場合でも好い気分のする商議設備である。即ち技術的事務局たる事務総長と共に、「評議会」（コンセイ）及び「総会」（アサンブレ）の名の下に会議を開く所の外交官会議の組織である。国際連盟は、私が別な書物で示しておいたように[17]、絶対的な合同ではない。だが恐らく何人かに対する同盟ではあろうが。国際連盟は、「事務局」即ち（例えば、少女売買の防止のためというような）非政治的事務団体としてのみ、著しく普遍性を持った傾向を示し、且つかかる事務団体としてのみ連盟の中には、「人類」なる真の概念がなお作用しているのである。その実際の組織を見、且つこの所謂「連盟」の内部にさえ依然存在している戦争の可能性を見るに及んでは、この「傾向」もまた確かに「社会的理想」たるに過ぎない。しかしながら、非普遍的なる国際連盟は、自ら潜在的もしくは現実的に同盟、即ち連合を示す場合、換言すれば特定の敵を持つ場合にのみ、政治的意義を持つことが出来る。こうすることに依り交戦権は除去されたのではなく、多かれ少かれ、全体的にもしくは部分的に「連盟」に移されたのであり、且つ政治的意味における同盟に化する萌芽が与えられたのである。何とならば、連盟は先ず第一に継続的同盟だからである。これに反して、具体的に存在する普遍的な人類の組織としての国際連盟は、第一に、あらゆる既存の国家、国民、階級その他の人間の集団から交戦権を有効に奪い取り、第二には、それにも拘らず自分で交戦権を受け継いではならぬという困難な仕事を果さなければならぬであろう。そうでなければ、人類の普遍的平和は悪い状態に陥入ることとなる。

従って「世界国家」が全世界及び全人類を包括する場合にはそれは政治的単位体ではなく、ただ言葉の言い廻しの上で「国家」と称せられるものに過ぎない。実際に、単なる経済的乃至交通技術的綜括に基いて全人類及び全世界が統一されるとしたならば、それは差当り、貸長屋の住人や同じガス設備を使用するガスの買手や同じバスの旅行者が「社会的単位」であるという以上の意味を持った、「社会的単位」ではない。この単位が単に経済的もしくは交通技術的なものに止る限り、それは敵というものを持たないから、経済的党派または交通的党派に昇格することさえ出来ないであろう。かかる単位がそれ以上に、文化的とか、世界観的とか或は何らかの「より高次の」、だが同時に絶対的に非政治的な単位を構成しようと欲するとしても、それは、倫理と経済との両極の間に中点を求める文化団体及び消費組合に過ぎないであろう。それは国家も帝国も王国も知らず、共和国も君主国も知らず、貴族政治も民主政治も知らず、保護も服従も知らず、支配も従属も知らず、全く一切の政治性格を失ってしまったものであろう。

　ところでここに一つの問題がある。即ち、世界的な経済的統一に伴われる所の恐るべき勢力は、何人に帰せられるであろうか。その場合には一切は「自然に運行する」であろう、すべての事物は「己自身を支配する」であろう、その場合には人間は絶対に「自由」なのであるから、人間に対する人間の支配などは無用なものになってしまうだろう、などと考えることによって、この問題を却けることは出来ない。何となれば、何のために人間は自由になるのかということ自身が問題とされるからである。吾々は、楽観的並に悲観的推測によって、この問題に答えることが出来るが、これらの推測は畢竟するに人性学的信条の如何に帰するものである。

(16) 戦争の「追放」については、上述の三三頁参照のこと。プーフェンドルフは、(「自然法及び万民法の理論」、第八章第六節第五項)、或る民族は「自然自身によって追放され」ている。例えば、人肉を食するが故に、インディアンは自然の追放する所となった、というベーコンの言葉に賛成し、これを引用している。北アメリカのインディアンは、博愛心から自然の保護園において保護されぬ限り、実際に根絶してしまった。文明が進歩し、道徳が向上した社会では、人肉を食するほど、害のないものでも恐らく、かのようにして追放されるに充分な理由となるであろう。時に「厳密に法律的」思惟を行う二三の人道主義者にとって、或る民族がその負債を支払わぬという事実は、恐らくこれを追放するに充分な理由であろう。

(17)「国際連盟の核心問題」、ベルリン、一九二六年。

8

吾々はすべての国家論や政治的理念を、その人性学に基いて検討し、彼らが意識的もしくは無意識的に、「性悪的」な人間を前提するか、それとも「性善的」な人間を前提するかどうかに従って、これを分類することが出来るであろう。この区別は全く概括的なもので、特に道徳的もしくは倫理的な意味に取られてはならない。人間というものは——あらゆる一般的政治的考量の前提として——疑問的存在であるか、或は疑問の余地なき存在であるべきか、どうかが決定的な点である。人間というものは「危険な」存在であるか、それとも危険ならざる存在であるか。冒険的存在であるか、それとも無害な非冒険的存在であるか。

かくの如き善悪の人性論的区別の無数の変化を、ここで詳細に究明することは出来ない。「悪」は腐敗、懦弱、臆病、愚鈍として、しかしまた、「粗野」、衝動性、生命力、非合理性等として現れ、「善」は、これに対応した変化において、合理性、完全性、温順、教育の可能性、同情的平和性等として現れることがある。大抵の動物の寓話は直接に政治的諸関係を指すものであると解釈される。且つ殆どすべての動物譚が現実の政治的情勢に関係付けられるところ如何に大なるものがあるかに注意を払うのは、有益なことである。例えば、狼と小羊の話の中にある「攻撃」の問題、ラフォンテンの物語にあるペストの責任——その罪は勿論驢馬にあるのだが——に関する「責任問題」、会が始まるや、すぐさまライオンが、裁判官はどんな基準に従って裁判するのであろうかと訊ね、最後には兎しかその会に出席していなかったという獣の集会の物語にある「国際裁判所」の問題、すべての動物が、相手方の武器は概念上必然的に攻撃的武器であるが、自分自身の歯、爪、角などは、概念上必然的に平和の維持に役立つ手段であることを如何に証明するかについて、詳細に論ぜられている所の、一九二八年十月のチャーチルの選挙演説における「軍縮」の問題、の如きである。この点に、政治的人性論と十七世紀の国家哲学者たち（ホッブス、スピノーザ、プーフェンドルフ）が「自然的状態」と称したものとの密接の関係が存在する。これらの哲学者たちに従えば、諸々の国家は相互にかかる自然的状態の中に生活するものであり、かかる状態は絶えざる危険と危害との状態である。従って自然的状態の活動主体は、飢餓、貪慾、不安、嫉妬及び各種の張合いなどの衝動によって動かされる獣と同様に、「悪」である。即ち彼らは満足することを知らない。勿論、ホッブスが正しくも主張したように、真の敵対関係は人間の間にのみ可能である。政治上の敵味方の区別は、動物界に存在するあらゆる対立性よりも、人間が精神的存在を持つものとして動物に優れていると同じ程度だけ、より深いものとなっている。

人間を「善」なりと前提している所の一部の理論や構想は、自由主義的で、論争的に国家の干渉に反対しているが、元来無政府主義的なものではない。これに反し、公然たる無政府主義においては、容易に明らかな如く、「自然的善」に対する信仰が国家の過激なる否定と密接に結付いており、一方は他方の結果であり、両者は相互に依存するものとされている。自由主義者にとって、人間の善き性質は、国家を「社会」に奉仕させるための論拠であるに過ぎない。蓋し社会はその秩序を「己自身の中に」

持つが、国家は社会の支配を受け、詳しい規則に縛られた信用のない、道具でなければならぬというのであるから。この問題については、トマス・ペーンの、社会は、理性的規制を受けた吾々の欲望の所産であり、国家は吾々の悪徳の所産である、という古典的公式が存在する。(18) 非国家的過激主義は、人間性の徹底的善を信ずる信仰と同じ程度に、拡がっている。市民的自由主義は、政治的意味では決して過激的でない。国家及び政治に対する批判、中立的態度、政治の否定及び自由の宣言等も同様に特定の政治的意味を有し、特定の情勢の下に、特定の国家及びその政治的権力に反対したものであることは明白である。唯々彼らは、元来国家の理論並に政治的理念ではなかったのである。勿論、自由主義は国家を根本的に否定はしなかったけれども、他方において積極的な国家論並に独自の国家形態を発見せず、政治を倫理によって拘束し、且つこれを経済に従属せしめようと試みたに過ぎなかった。それは「権力」の分割及び平衡の理論を作り出した。即ち国家論とか政治的組織原理と称することの出来ないような、国家の制御と支配とを目的とした体系を作り上げたのである。

かくて、真の政治的理論はいずれも人間を「悪」として、即ち問題のない存在ではなく、「危険な」且つ「動的な」存在として前提している、という多くの人々には確に不安な、注目すべき確認が依然存在している。本来の意味における政治的思想家がかかる思想を懐いていたことは容易に証明される。これらの思想家たちの種類、地位、歴史的意味は如何に異っていようとも、人間の本性を疑問的存在とする見解においては、彼らが特に政治的思想家として現れる限り、意見の一致を見ているのである。ここでは、マキャヴェリ、ホッブス、ボシュエ、(彼が彼の人道主義的理想主義を忘れるや否や、これらの思想家の中に含まれる) フィヒテ、ドゥ・メーストル、ドノソ・コルト、テーンなどを挙げておけば充分であろう。ヘーゲルもまたこれに属する。――ここでも勿論彼は時折、二重の容貌を示してはいるが。

それにも拘らずヘーゲルは広義においては、常に政治的であった。当時の時事問題を扱った著作、その中でも殊に「ドイツ憲法」に関する青年時代の天才的著作においては、すべての精神は現在の精神に現存するもので、奇妙な意見とかロマンティックな逃避の中に見出されたり、求められたりするものではない、という哲学的真理が、示されている。「非政治的純粋性」及び純粋な非政治性により、理智の捕網を作るようなことはせぬのが、哲学の本領である。具体的思惟に関するヘーゲルの弁証法もまた、特に政治的なものである。よく引用される量から質への飛躍という命題は、全く政治的意義を有するものである。それは、一切の「問題」は結局、政治という点に、即ち質的に特別な強度を持った人間の集団化に帰着するものである、という認識の表現である。この命題が本来適用さるべき領域は、十九世紀においては、経済である。「自律的な」、いわば政治的には中立的な領域たる「経済界」では、かような飛躍、即ち今まで非政治的であり、純「即物的」であったものが、斯の如く政治的なものになるという事実は、絶えず行われていた。ここでは、例えば経済的所有が一定量に達した場合には、明らかに「社会的」（正しくいえば、政治的）勢力になった。即ち所有が権力になった。同じようにして、最初は単に経済的理由に基いた階級の対立は、互に敵対する集団の階級闘争に化したのである。

ブルジョアに関する最初の論争的政治的定義もまた、ヘーゲルに見出される。即ちヘーゲルに依れば、ブルジョアとは、非政治的な危険のない個人的領域を離れようとせず、私的財産の所有と公正に関しては、個人として全体に反するような行動を執り、平和及び営利の果実、「就中かかる果実の享楽の完全な確保を以て」、彼の政治的無効の代償となし、従って勇敢な行為など発揮せず、横死の危険を免かれようとする如き人である、と定義されている（「自然法の科学的研究法」、一八〇二年、ラッソン版三八三頁、グロックナー版第一巻四九九頁）。最後にヘーゲルは、他の近代の哲学者が大抵は避けていたような、敵の定義を下している。即ち、敵とはその生命を全体的に否定してしまわねばならぬような他人として、人倫的（道徳的意味ではなく、「民族の永遠性」における「絶対的生命」の意味で、）仲違いの相手をいうのである。「かかる仲違いの相手が敵なのである。そしてかかる仲違いが互に関係せしめられると、それは同時に対立の存在の否定、即ち敵の存在を否定することとなり、双方の側に均しく敵の存在を否定するような精神が現れると、即ち闘争の危険が生ずる。人倫上この敵となり得るものは民族の敵に限る。しかも敵自身も一民族である場合に限るのである。ここでは個体が現れるものなるが故に、民族にとっては、個人が死の危険に赴くことになるのである。」「この戦争は、家族対家族の戦争ではなく、民族対民族の戦争である。かくの如くして、憎悪の情は自ら無差別なものとなり、一切の個人性を免れるに至る。」

ヘーゲルの精神が実際どれほど長い間ベルリンに留っていたかは、問題である。それはそうとして兎に角、一八四〇年以来ベルリンで支配的となった傾向は、むしろ「保守的」国家哲学――しかもフリードリヒ・ユリウス・シュタールの――を採用する途を択んだ。この保守的な学者は彼の信仰及び彼の民族を変え、彼の名前を更えて、ドイツ国民に敬虔、連続性及び伝統を教えた。彼はドイツ人たるヘーゲルを「空虚にして虚偽な」、「俗悪な」、「荒れ果てた」ものと考えたのである。

この問題は、「楽観論」もしくは「悲観論」に関する心理学的註解によって解決されるものではない。また、人間を悪なりと考える人々のみが悪なのである。従ってその結果として、人間を善なりと考える人、——即ち無政府主義者——が悪人を支配し統制する権能を有するなどと言って、無政府主義的に問題を顛倒することによって解決されるものでもない。このようにしては、問題は再び新に繰返されるに過ぎない。むしろ吾々は、人間の思惟の領域を異にするにつれ、「人性論的」諸前提がそれぞれ非常に異っていることに注意を払わなければならないのである。教育家は、方法論上必然的に人間を教育並に教化し得べきものであると考えるであろう。私法学者は、反証のなき限り、各人を「善きもの」として前提しなければならぬということから出発する。(19) 神学者が最早人間を、罪ある者もしくは救済の必要ある者と考えぬようになり、救われたる者を未だ救われざる者から区別せず、選ばれたる人々を選ばれざる人々から最早区別せぬようになれば、神学者は神学者でないことになる。しかるに、道徳学者は善悪の選択の自由を前提しているのである。ところで、政治的なるものの領域は、畢竟、敵というものの実在的可能性によって決定されるのであるから、政治的観念や思惟過程は当然に人性論的「楽観論」をその出発点とすることは出来ない。然らずとすれば、敵の可能性が否定されると共に、一切の政治に特有の結果が否定されてしまうことになるであろう。

政治理論と神学的罪業論との関係は、ボシュエ、メーストル、ボナール、ドノソ・コルト等の論者において、特に著しく現れている。その他多くの人々においても、この考えは同様に強く働いている。この関係は先ず、神学並に政治的思惟過程の本質である本体論的存在論的思惟方法によって説明されるが、第二には、両者の思惟の方法論的前提の類似性に基いて説明される。神学の根本教義たる世界並に人間の有罪説は、――神学が未だ単なる規範的倫理乃至教育学に昇華せず、教条が未だ単なる規律に昇華してしまわぬ限りにおいて――敵味方の区別と同様に、人間の区別及び分類、即ち「差別」に導いた。従って人間一般を無差別に楽観することは不可能になっている。この世界では、善き人々の間には、勿論平和、安全、万人の万人に対する調和が支配する。この世界では、僧侶や神学者も政治家や経世家と同じく邪魔者である。エルンスト・トレルチュは（その著「キリスト教教会の社会的理論」において）、また、セリエール男爵は（ロマン主義に関する多くの著書において）、原罪の否定はあらゆる社会秩序を破壊するものなることを、多くの宗派、異端者、ロマン主義者、無政府主義者の実例について示している。即ち、神学的思惟の前提と政治的思惟の前提との方法論的関係は明白である。しかしながら、神学的根拠を持つことは、往々にして政治的概念を混乱せしめることがある。蓋し、神学は敵味方の区別を普通に道徳神学的なものとするか、或は少くともこれに神学的要素を混入させることとなり、更に大抵の場合は、親切な教師の道徳的擬制或は実際的便宜主義によって、吾々は存在上対立するものであるという認識が曇らされるからである。マキャヴェリ、ホッブス、——往々にしてフィヒテもそうであるが——のような政治学者は、「悲観論」を前提すると共に、実際に、敵味方の区別の実在的現実性もしくは可能性を前提するものに過ぎない。真に体系的な偉大な思想家であったホッブスでは、極端な個人主義にも拘らず、人間を「悲観的」に観る見解が著しく強く、その結果として、この悲観論的見解は生き生きとして政治的意味を持っている。敵味方双方の側に存する真、善、正の確信こそ甚しい敵対関係を生ぜしむるものである、という彼の正しい認識、並に彼の万人の万人に対する「戦い」は、恐ろしい物狂わしい幻想の産物ではなく、自由「競争」の上に建てられた新しい市民社会の兆候であった。否、それればかりではなく、政治に特有の問題を提出し且つこれに答え得るような思想体系の、根本的前提となっているのである。

これらの政治思想家たちは、可能的敵の具体的存在性に常に着目するために、安全を欲する人間を驚かすに足るような一種の実在論を屢々示している。人間は、少くとも忍び得るような、乃至は順調な生活を営む限り、脅かされることなき安穏の幻影を好み、「悲観論者」を甘受するものでないと、――人間の自然的本性如何の問題を決定しようとすることとは関係なく――言っても差支えあるまい。従って政治上、偽装、隠蔽、煙幕を用いようとするものは、苦もなくこれを用いることが出来る。彼は、何らかの「自主的専門領域」の名において、政治的現象と真実との明らかな認識及び記述を、非道徳的、非経済的、非科学的なりとし、殊に――蓋し政治的にはこの点が重要であるから――攻撃に値する悪魔の所行なりといって、これを誹謗しさえすればよいのである。

マキャヴェリの名は、こういう戦術の犠牲になったのである。もしマキャヴェリがマキャヴェリ主義者であったと仮定すれば、彼は悪評の高い「王侯論」などという書物を書かないで、むしろ人間一般、特に王侯の性善について、人を感激させるような文章から成り立つような書物を書いたことであろう。実際は、マキャヴェリは十六世紀にドイツ人、フランス人、スペイン人、トルコ人の侵略に曝されていた祖国イタリアを防衛せんとしたのであった。かかる精神的防禦態勢は、十九世紀の初頭、フランス人の革命的ナポレオン的侵略の時代に、ドイツでも繰返された。人道主義的イデオロギーに武装された征服的敵を防ぐことがドイツ民族にとって重要事となったことに、フィヒテ及びヘーゲルはマキャヴェリの名誉を再び恢復したのである。

「法」とか「平和」とかいう言葉が、明瞭な政治的思惟を妨げ、自己の政治的努力を適法化し、敵の資格を剝奪し、これを阻喪せしむるために、政治的に濫用される場合には、極めて著しい混乱が生ずる。法というものは、――重大な政治的決定の範囲内及び正常的事情においては、即ち安定せる国家の範囲内においては極めて確実に――比較的独立した固有の領域を有する。しかし人間の生活及び思惟のあらゆる領域と同じく、法は他の領域を支持するためにも、否認するためにも、利用され得る。かかる法または道徳の利用の持つ政治的意味によく注意を払うことは、政治的思惟の見地からすれば、当然なことであり、法に反することでもなく、非道徳的なことでもない。特に、法の「支配」とか、法の至上権とかいう言い廻しに対しては、常により立入った若干の問題を提出しなければならないであろう。即ち第一に、ここでいう「法」とは、将来も効力を有すべき既存の実定法及び立法方法を指すものであるかどうか、という問題がある。もし然りとすれば、「法の支配」とは特定の現状の適法化に外ならない。かかる法において安全を保てる政治的勢力乃至経済的利益を有する人々は、皆勿論かかる現状の維持に関係を払うものである。第二に法の援用が、より高次の法もしくはより正しき法、即ち所謂自然法または理性法が、現状維持の法に対立せしめられることを意味することがある。この場合には、この種の法の「支配」或は「至上権」が、――より高い法を援用することが出来、且つそのより詳細な内容は何であるか、それは如何にして且つ何人によって適用さるべきかを決定せんと欲する所の――民族もしくは人間集団の支配及び至上権を意味するものなることは、政治家にとっては自明である。ホッブスは他の如何なる学者よりも明瞭に、少しも躊躇する所なく、かかる政治的思想の簡単な結論を引出し、且つ法の至上権は法律規範を定め、これを執行する人々の至上権を意味するに過ぎないこと、「より高き秩序」の支配は、特定の人々がこのより高き秩序に基いて、「より低き秩序」の人々を支配すべきであるという政治的意味を持つに非ざれば、空虚な文句に過ぎないこと、を繰返し繰返し強調している。政治的思惟の領域の独立性及び完結性は、少しも否定される余地はない。蓋し、具体的人間の集団こそ、常に「法」とか「人類」とか「秩序」とか「平和」とかというような名において、具体的な他の人間集団と闘うものであるが故である。そして政治現象の観察者は、政治的思惟を一貫する場合には、不道徳、キニク主義等の非難も、相変らず具体的に相闘う人間の政治的手段に過ぎざるものと観ずることが出来るのである。

従って政治的思惟及び政治的本能は、理論上も実際上も、敵味方を区別する能力によって、認められるものである。偉大なる政治の頂点は、同時に具体的に明瞭に敵が敵として認められる瞬間である。

近代においてかような敵意が最も力強く激発した例は――確かに軽視することの出来ぬ十八世紀の汚辱者撲滅運動や「フランス人を打殺せ、最後の審判は諸君にその理由を問わぬ。」といったクライスト及びフォン・シュタイン男爵の仏人憎悪や、ブルジョアとヨーロッパ資本主義に対するレーニンの殲滅的文句以上に――クロムウェルの法王党的スペインに対する闘争であると思う。一六五六年九月十七日の演説（カーライル版第三巻、一九〇二年、二六七頁以下）において、彼は言う。「従って私が語らんとする第一のことは、存在と保全である。それは自然の教訓である。……『即ち我々の国民的存在』の保持は、先ず、これを破壊し、これを存在せしめざらんと欲する人々との関係において考察されなければならない。」従って我々は我々の敵、即ち正にこれら諸国民の存在を脅す敵を観察しようではないか（彼はかかる存在そのものとか、国民的存在という言葉を常に繰返し、それに続いていう）。「勿論、諸君の大敵は実にスペイン人である。彼は本然的敵である。彼は本然的に敵である。彼は本然的に不倶戴天の敵である。——蓋し彼には、神の一切の御仕事に逆わんとする敵意があるからである。神の御仕事は諸君の中にある。恐らく諸君の中にあるであろう。」それから彼は繰返していう。スペイン人は諸君の敵である。彼の敵意は神の与え給うた所である。彼は「生れながらの敵、神の摂理による敵である。」彼を偶然的な敵などと考える者は、我汝《われなんぢ》の苗裔《すゑ》と婦《をんな》の苗裔《すゑ》の間《あひだ》に怨恨《うらみ》を置《おか》ん（創世記第三章十五）と仰せられた神の御言葉と御仕事を知らざるものである。フランスと和睦することは出来るが、スペインとは和睦することは出来ない。何とならば、それは法王党国であり、法王が己の欲する限りにおいてのみ、親善を保つに過ぎぬからである。（英語のまま引用した個所を他の国語で正しく再現することは殆ど出来ない。）

しかしながら、またこれと逆に、内外両政治を通じて、政治史上到る処に、政治的終末の兆候たる、敵味方の区別を行うことの無能力もしくは不満が現れている。革命前のロシアにおける没落階級はロシアの農民を、善良な、正直な、キリスト教的農民にロマン化していた。混乱したヨーロッパでは、相対主義的ブルジョアは、ありとあらゆる一切の外国の文化を彼らの審美的消費の対象にしようと試みた。一七八九年の革命前のフランスにおける貴族社会は、「性善的な人間」及び人を感動させるほど「徳性の高い」民族に有頂天になっていた。トクヴィーユは、こういう情勢を旧政体の叙述の中で、彼自身の偉大な政治的情熱から生じた所の、この世のものと思えぬほどに緊張した文章で描いていた。人々は革命を少しも嗅ぎつけていなかった。一七九三年は既に足下に来ていた時、これらの特権階級がフランス国民の善良、温順、質朴を口にしていた油断と不明とを見るのは奇妙なことである。——「滑稽な恐ろしい光景」ではないか、と。

(18)「国民が善良であって、政府が背徳であるという前提から出発せぬような組織は、いずれも非難すべきものである。」という保民官バベーフの言は、自由主義的ではなく、むしろ民主主義的意味をもつものであり、国民と政府、被治者と統治者とは質的に区別されるものでないということを、暗に示しているもののように思われる。(19)かかる「法学者の金科玉条」は、証拠の形式の統制において意味を有している。兎に角、それは、危険の惧れのない平和な秩序によって「道徳の外的条件」並に、正常的な状態を作り出した国家の存在を前提とする。かかる正常状態では、完備した警察があって人々が実際に悪くなり、危険的なものになることを妨げているから、人間は「善良」であり得る。この安全な秩序の陰には、各人の「善」の擬制と推定が盛に行われている。

9

前世紀の自由主義によって、あらゆる政治的観念は、独特な組織的な方法で変化並に変質を蒙った。歴史的現実として、自由主義は、何らかの重要性を持った人間の運動と同様に、政治的性質を帯びることを免れなかった。そしてその(教養、経済等々の)中立的及び非政治的態度も、政治的意味を持っていたのである。各国の自由主義者たちは、他の人々と同じように政治を営んだ。彼らはまた、種々な方法で、即ち国民自由主義者、社会自由主義者、自由保守主義者、自由主義カトリック教徒等々として、非自由主義的な諸要素並に理念と同盟を結んだのである。(20) 特に、政治的事情の許す場合には、彼らは、全く非自由主義的な、むしろ本質的に政治的な、且つ国民的全体的国家に人々を駆り立てるような民主主義の諸勢力と結合した。(21) しかしながら、個人主義的自由主義という純粋な論理上一貫した概念から、特に政治的な理念が獲得され得るかどうかは、問題である。

それは否定さるべきである。蓋し、すべての徹底的個人主義の中に含まれているような政治性の否定は、ありとあらゆる政治的権力並に国家形態に対する不信という政治的実践に導くことであろうが、国家並に政治に関する独特な積極的理論に導くものではないからである。従って自由主義的政策は、個人的自由の国家的、教会的その他の制限に対する論争的対立として、即ち商業政策、教会政策、学校政策、文化政策として存在するけれども、単なる自由主義的政策なるものは存在せず、常に政策の自由主義的批判が存在するに過ぎないのである。自由主義の体系的理論は、殆ど専ら国家権力に対する国内政治的闘争に関係し、個人の自由及び私有財産を保護するためにこの国家権力を阻止し、これを制御し、国家を「妥協的存在」と化し、国家的施設を

「弁」とし、その上に君主政治と民主政治との「バランスを取る」ために、数多の方法を与えている。この君主政治と民主政治のバランスの保持は、多難な時代——特に一八四八年——に非常に矛盾に満ちた態度に導いたので、ローレンツ・フォン・シュタイン、カール・マルクス、フリードリヒ・ユリウス・シュタール、ドノソ・コルト等の著名な観察者は、この点について政治的原理または思想的一貫性を見出すことに絶望したのである。

自由主義思想は、全く組織的に国家及び政治を回避しもしくは無視し、その代りに回帰的な典型的な、二つの相反する領域即ち倫理と経済、精神と事業、教養と資産とを、両極としてその間に運動している。国家及び政治に対する批判的不信は、学説の根本思想がその考え方の最初のもの及び最後のものとして常に個人に着目していることから容易に説明される。政治的単位体は、万一の場合には生命の犠牲を要求しなければならない。自由主義的思想の個人主義にとっては、こういう要求を満たしたり、基礎付けたりすることはどうしても出来ない。否それは結局においてかかる要求に反対する。自分以外の個人に自分の肉体的生命の支配権を与えるような個人主義は、空虚な文句である。自分以外の自由民がその内容とその程度とを決定するような自由主義的「自由」は、虚言である。個人そのものにとっては、彼が個人的に欲しない場合には、生死を賭して闘わねばならぬような敵というものはない。個人をしてその意志に反して闘争を強制せしむるものは、如何なる場合にも、私的個人から見れば自由の拘束であり暴力である。すべての自由主義的熱望は暴力と自由の拘束に反抗する。個人の原則上無限の自由、私有財産制及び自由競争の侵犯及び加害はいずれも「暴力」と称せられ、従ってそれは取りも直さず悪である。ところで数千人の農夫が高利貸の執達吏のために悲惨な状態に陥されても、それは「法治国」及び、国家が干渉してはならぬ所の「経済的」法則性の結果に過ぎない。この自由主義が国家と政治についてなお承認している事柄は、自由の諸条件を確保し、自由の攪乱を除去するという点に限られている。かくの如くして、軍備撤廃及び政治否定的な概念の体系に到達するのであるが、ここでは、驚くべきほど徹底したる、且つあらゆる反撃にも拘らず今日のヨーロッパでは依然として他の体系によって取って代られることなき自由主義思想の体系を示すために、その中から二三のものを、数え立てておこう。

その際、常に注意されなければならないことであるが、これらの自由主義的概念は、典型的様式で倫理（「精神性」）と経済（事業）との中間を運動し、かかる両極端の側から政治的なるものを「征服的暴力」の分野として揚棄せんとしているのである。「法治」国「即ち私法的国家」の概念は、国家を「非政治的社会」の道具にするための槓杆として役立っている。私有財産制の概念は、この地球儀の中心を為すもので、その両極——倫理と経済、精神と事業——は、この中心点のそれぞれ相反する方向への投影に過ぎないのである。あらゆる典型的自由主義的主張においては、純倫理的情熱と純唯物主義的経済的即物性とが、結びついて、あらゆる政治的概念に変容を与えている。かくて戦争という政治的概念は、自由主義的思想においては、経済的側面では競争に化し、「精神的」なる他の側面では論戦に化しているのである。永遠の競争及び永遠の論戦の「動学」、即ち決して「血腥く」なってはならぬような、決して「敵愾心を示し」てはならぬような永遠の競技が、「戦争」と「平和」という二つの異った状態の明確な区別に代えられている。国家は社会に化する。しかもそれは一方の倫理的精神的側面においては、「人類」というイデオロギー的人道主義的観念に、他の側面においては、合法則的に自ら進行する所の生産組織及び流通組織という経済的技術的単位に化するのである。闘争の場合に与えられるような全く自明の、敵を防ごうとする意志は、「社会的理想」とか綱領、或は性向とか経済的打算になる。政治的

び群衆暗示に、経済的極では「統制」になるのである。支配及び権力は、精神的極では宣伝及従業員及び労働者、一部は消費者大衆になる。

に統一した民族は、一方においては文化的に関心を持つ公衆になり、他方においては

これらすべてのように概念を分解してしまうことは、全く確かに、国家並に政治を一部は個人主義的な従って私法的な倫理に、一部は経済的な範疇に隷属せしめ、国家及び政治からその特殊な意味を奪取ることを、目的としているのである。自由主義が、極めて当然なこととして、政治的なるもの以外の人間生活の種々な領域の「自主性」を承認したこと、それのみならず、極度にこれを特殊化し、しかのみならず全くこれを孤立化するに至ったということは、極めて注目すべきことである。芸術は「自由の娘」であり、審美的価値判断は「自主的」であり、芸術的天才は「至高」であること、且つ芸術作品は「その傾向如何に拘らず」「それ自体の中にその目的を」有することなどは、自由主義にとって全く自明のもののように見える。ドイツの多くの諸地方において、真の自由主義的熱情が現れたのは、かかる芸術の自主的自由が道学者的「風教の使徒」によって脅された場合のみであった。更に、倫理は形而上学及び宗教に対し、科学は宗教、芸術、倫理等に対し自律的なものになった。しかしながら、自律的

専門領域の最も重要な場合として、経済の規範及び法則の独立性は、疑いの余地なく確実に貫徹されていた。生産と消費、価格構成と市場はそれぞれ独自の領域を持ち、「自ら規制される」ものであるということ、彼らは倫理からも、審美からも、宗教からも、いわんや政治から導かれ得るものではないということは、この自由主義的時代の、実際上議論並に、疑問の余地なき若干の教養の一つと看做されていた。特に政治的観点こそとりわけ熱心にあらゆる妥当性を奪われ、倫理、法律及び経済の規則と「秩序」に隷属せしめられていたことは、ますます興味のあることである。かかる「政治の否定」は、勿論著しく政治的な意味を有する。政治的存在の具体的現実においては、抽象的な「秩序」や合法則性が支配しているのではなく、いつも、極めて具体的な人間もしくは団体が、他の同様に具体的な人間もしくは団体を支配しているに過ぎない。かくて、この場合にも、政治的に見るならば、「その」倫理、「その」法律、「その」経済、「その」科学、「その」芸術、及び「規範」の支配は、政治的意味を持つものである。政治の否定は、政治上特に役に立つ、政治闘争の武器であるに過ぎない。

注意（一九二七年以来変化なし）。ヴェルサイユ条約のイデオロギー的構造は、ちょうどこの倫理的情熱と経済的打算との両極の存在に対応している。第二三一条において、ドイツ国は戦争より生じたる一切の損害並に損失する「責任」を承認することを強制されている。これに依って法律的並に道徳的価値判断に対する基礎が作られたのである。「併合」というような政治的概念は避けられている。エルザス・ロートリンゲンの割譲は「併合の廃止」、即ち不法に由って蒙った損害の回復である。ポーランド及びデンマーク地方の割譲は民族自決主義の理想的要求に役立つものである。その上に、植民地の奪取は第二二条において、利己的ならざる人道主義の仕事なりと宣言されている。こういう理想主義に対し、経済的な反対の極を為すのは、賠償問題、即ち戦敗者の継続的な無限の経済的搾取である。結論。――かような条約は「平和」というような政治的概念を決して実現することは出来なかった。その結果として、常に新しい「真の」平和条約が必要となったのである。即ち一九二四年八月のロンドン協定（ドーズ案）、一九二五年十月のロカルノ条約、一九二六年九月の国際連盟加入等々が行われたが、これから先も、次々と行われることであろう。

(20) 自由主義と他の要素との結合は、いくらでも挙げることが出来る。一八〇〇年から一八三〇年までのドイツロマン主義は、伝統主義的自由主義並に封建的自由主義である。即ち社会学的に言えば、未だ市民階級は、その当時存在していた封建的伝統の政治的勢力を排除するほど、十分に強力ではなかったので、後に主として民主主義的国民主義及び社会主義と結びついたと同じように、封建的勢力と結付こうとしたような、近代的市民運動なのである。徹底的な市民的自由主義そのものからは、何の政治理論も獲得されない。これが、ロマン主義は政治理論を所有することが出来ずに、常に支配的政治権力に適合する根本理由である。フォン・ベロウのように、何らも「保守的」ロマン主義のみを見んとする歴史家は、この非常に明白な関係を見落すに相違ない。典型的自由主義的議会政治の三人の偉大な理論上の先駆者は、バーク、シャトブリヤン、及び、バンジャマン・コンスタンという三人の典型的ロマン主義者である。

(21) 自由主義と民主主義との対立については、カール・シュミット著「今日の議会政治の思想史上の地位」第二版、一九二六年、一三頁以下。民主主義と全体国家との関係については、ツィーグラー著「権威的乃至全体的国家」、チュービンゲン、一九三二年、を見よ。

10

自由主義思想は最初から、国家及び政治に対して、「暴力」という非難を浴びせた。偉大な形而上学的構想と史観との関連がかかる自由主義的思想に、広い視野と強烈な説服力とを付与しなかったとしたならば、それは政治的闘争に関する数多の無力な罵詈の一つに過ぎなかったであろう。啓蒙的な十八世紀は、人類の上昇的進歩なる明確な簡単な一線を、眼前に見たのである。先ず最初に進歩は、人類の理智的並に倫理的完成という点に存していた。進歩の線は二つの点の間を動いていた。即ちそれは下は野蛮状態及び熱狂に始り、そこから精神的自由及び精神的成年の状態へ、独断から批判へ、迷信から啓蒙へ、暗黒から光明へと、上っていった。次の十九世紀の前半には、非常に重要な三段的構想、即ちヘーゲルの弁証法的段階（例えば、自然的共同体――市民社会――国家）及びコントの有名な三段階法則（神学から形而上学を経て、実証的科学へ）が現れている。だが、この三段主義には、簡単な二段的対立の持つような論争的迫力がない。従って、泰平と倦怠と休息の試みの時代が過ぎると、やがて再び簡単な二段的対立が勝利を得た。二段主義が決して好戦的に考えられていなかったドイツでさえ、十九世紀の後半には（オットー・ギールケの）支配と組合、または（フェルディナント・テニイスの）共同社会と利益社会のような二元主義が、ヘーゲルの三段的公式を駆逐したのである。

　政治的に一層有効な二元主義にまで高められた対立の最もよい例は、カール・マルクスによって展開されたブルジョアとプロレタリアとの反立である。世界史は経済的階級闘争の歴史であるということは、既に多くの歴史家及び哲学者の述べた所であった。マルクスはこの思想を歴史哲学的な進歩及び発展の思想の中に挿入し、それによって、この思想を形而上学的なるもの及び極度の政治上有効な手段にまで追い上げたのである。世界歴史のあらゆる闘争は、人類の最後の敵に対する唯一の最後的闘争に集中され、世界の多くのブルジョアジーは、唯一の「全」ブルジョアジーに、多くのプロレタリアートは同じように、唯一の「全」プロレタリアートに総括され、かくして「最後の戦闘のための」強大な敵味方の集団が獲得されるのである。かかる歴史の構想は、十九世紀の思想にとって当然のことである。蓋しこういう歴史の考え方は、経済の領域において彼らの自由主義的ブルジョア的敵を追躡し、この地において、いわば彼自身の国において、彼自身の武器をもって、この敵を討つものだからである。何となれば、経済への転換もまた、「産業社会」の勝利と共に決定されたのであるから。マルクス主義は、十九世紀の自由主義的思惟方法の一応用例に過ぎない。イギリスがナポレオンの軍事的帝国主義に打勝った一八一四年は、この新しい信仰の生れた年と見ることが出来る。その最も簡単な最も透徹せる理論を与えたのは、ハーバート・スペンサーの史観であった。彼にとって、人類の全史は、「軍事的封建的」社会から「工業的商業的」社会への発展に外ならなかったのである。最初の、だが既に完全な文献は、一八一四年に発刊されたバンジャマン・コンスタンの「征服者の精神」についてという論文である。コンスタンは、十九世紀の自由主義的知性を持った教父である。一八一四年の彼の論文は、既に、幻想と欺瞞に充たされたこの世紀の精神的武器庫を悉く含んでいる。

ここで決定的な問題は、次の如くである。十八世紀には未だ大部分人道主義的倫理的であり、理知的且つ「精神的」であった所の進歩の信仰は、十九世紀の経済的産業的技術的発展と共に変化した。今や「経済」は、抵抗する余地なき進歩的発展の担い手であると感ぜられるようになった。経済、商業及び工業、技術的完成、自由、及び合理化は、当然の同盟者であると看做された。これらのものは、分離されるものでなく、殆ど区別さえつけられぬものとされた。十九世紀の正常的人間は、これらのものがかつては互に敵対関係にあったなどと、考えることは出来なかったろう。同時にそれらのものはすべて無差別に、本質的平和的なものと看做され、「封建」時代の好戦的暴虐に対立するものと看做されていた。十九世紀を通じて且つ今日に至るまで、公式的自由主義的民主的フランス並にフランスの支配を受けているすべての精神的政治的家臣たちにとっては、以上に述べた所から、次のような特色のある一連の政治的論争的対立が現れている。

{議会政治及び討論} は、{絶対王政及び独裁} に打克つ。

として内政的に

{経済、産業及び技術} は、{国家、戦争及び政治} に打克つ。

と結付いて　　と結付いた

自由、進歩及び理性}は、{封建制度、反動及び暴虐}に打克つ。

まる一世紀の間の政治的理論及び討論は、かかる一系列の事象に帰せしめられる。従って、この系列の各項目及び各対偶者は、入念な考察に値するものである。というのは、多くのドイツ人（並に勿論遥かに多くのドイツ人以外の人々）は、如何なる犠牲を払っても十九世紀的思想に止ることを欲しているからである。一八一四年のバンジャマン・コンスタンの書物の中には、既にこの自由主義的問答書の完全な目録が見出される。そこでは次のように言われている。即ち、我々は商工業の時代に到達した、即ち戦争の時代が工業の時代に必然的に先行しなければならなかったように、必然的に戦争の時代に代らねばならぬ所の時代に到達したのであると。それに続いて、二つの異れる時代の特徴づけが行われている。即ち経済の時代は、生活資料を交換と平和な協定によって（特別な誼で、）獲得しようと試みるが、他の時代は、これを戦争と暴力によって獲得しようと試みる。後者は粗野な衝動（野蛮な衝動）であるが、これに反し、前者は合理的文明的思慮（文明的計算）である。戦争や暴力的征服は、商工業が毎々に与えてくれるような快適と愉楽をもたらし得るものではないから、戦争は最早何の役にも立たないもので、戦捷は、勝利者にとっても儲からない仕事である。（この点は非常に重要である。戦争を儲かる仕事と考えるならば、戦争は即ち「社会的理想」となることが出来る。）更に、近代戦術の恐るべき進歩――コンスタンはこの点について、ナポレオンの軍隊の技術的優秀性の主要な基礎であった砲兵を特に挙げている――は、以前には戦争に際し英雄的であり、功名的であった一切の行為、個人的勇気、戦闘の悦びなどを、無意味なものにしてしまった。コンスタンの結論によれば、それ故に戦争は、今日ではあらゆる効能並にあらゆる刺戟を失ってしまった、というのである。経済的利益も戦闘の快味も、人をして近代戦を愛好せしむることは出来ない。昔は、好戦的民族が商業民族を征服したが、今はその逆である。換言すれば、一般的平和の時代が、歴史哲学的必然性を以て現れ始めたのである。

その間に吾々は、かような予言の正しさと、「科学」的に偽装された自由主義的十九世紀の形而上学の真実性を吟味し得るために、十分な経験を得た。経済、自由、技術、倫理及び議会政治という非常に複雑な連合状態は、長く続かなかった。それは疾くの昔に、当時の敵手たる絶対王政的国家及び封建的貴族政治の残滓を片付け終り、それによって一切の実際的意味を失ってしまったのである。現在では、全く別種の集団及び同盟がこれに代って現れている。吾々にとって経済は最早、それ自体、自由の王国として妥当するものではない。技術は快適と愉楽に役立つのみならず、同じように危険な武器や道具の生産に役立っている。技術の進歩は、遺憾ながら、十八世紀に自《おのずか》ら進歩と考えられていた人道主義的倫理的完成を自らもたらすものでもない。オートバイ乗りは――ヨリ高度の技術の進歩的作用によって――自ら一八三〇年の郵便馬車の馭者よりも人道的な典型であるなどということはない。最後に吾々は、技術的合理化は経済的合理化の逆であることがあるという事実をも経験した。それにも拘らず、ヨーロッパの思想界は、相変らず今日に到るまで、かような十九世紀の史観に満たされている。そして少くとも極く最近に到るまで、旧い史観の公式と概念が勢力を保っており、この勢力はその旧敵の死んだ後もなお生き続けるように見えていたのである。

最近数十年間の中では、ベルリン・フランクフルトの社会学者たるフランツ・オッペンハイマーのテーゼが、その明白な例である。オッペンハイマーは、「国家の根絶」をその目標なりと宣言している。彼の自由主義は極めて過激であって、その結果として最早、彼は国家を武装せる小使としてさえ認めないのである。彼は直ちに一連の「定義」に依って、「根絶」を実行する。彼は国家なる概念を「政治的手段」によって規定し、いわば本質上非政治的社会なる反対概念を「経済的手段」によって規定する。次に、政治的手段並に経済的手段を定義するために用いられている形容詞は、かの倫理と経済の両極の間を振動している所の、政治及び国家否定論の特色ある書換えに他ならない。それは、十九世紀のドイツにおける、国家と社会、政治と経済の政治的関係が反映されている所の、明白な論争的対句である。経済的手段とは、オッペンハイマーに依れば、交換である。交換は給付と反対給付との授受であり、従って相互的関係、平等、公正、及び平和である。結局においてそれは、「協力、親睦及び公正という組合精神」自体と同じものである。これに反して政治的手段は、「経済外的な征服的暴力」であり、あらゆる種類の強奪、征服及び犯罪である。今日では誰でも直ちに、かような「概念規定」は激情のこめられた政治的弾丸であると認めている。けれども、かような概念規定は十九世紀の精神の支配する限り、「科学的」にして「没価値的」なものと詐称することを許されていたのである。ヘーゲルによって体系化された十九世紀のドイツにおける国家観は、「利己主義的」社会なる「動物世界」の上位に位する国家を、道徳と客観的理性の王国と考えたのであるが、ドイツに入り込んだ新しい階層の人々の持つ価値の順序は、それと全く逆である。彼らにとって、社会（即ち彼ら自身）は平和的正義の領域として、国家、即ち彼らが未だ近づかなかったような軍人階級及び官僚階級よりも、遥かに上位に位するものであった。従って、この国家は、かかる社会学的「学問上に依って、暴虐は理性の欠乏した領域として「その仮面を剝がれ」ているのである。

しかしながら、善良な、公正な、平和的な、約言すれば同感的な「交換」を、荒涼たる、強奪的、犯罪的「政治」に対比させることに依り、単純に道徳的無資格なりと定義することは本来許さるべきことではなく、倫理的にも、心理的にも、いわんや科学的にも当を得たものではない。こういう方法を用いれば、同じように逆に、政治をば正直な闘争の領域とし、経済を詐欺の世界と定義することが出来るであろう。蓋し結局において、政治と強奪及び暴力との関連は、経済と奸計及び詐欺との関連に比べて別段特殊的なものではないからである。交換と詐欺とは、往々にして一緒に存在することがある。経済的基礎に基く所の、人間に対する支配が、あらゆる政治的責任及び公明性を免れることに依って、依然非政治的態度を持する場合こそ、それは、恐ろしい詐欺として現れるに違いない。交換という概念は当事者の一方が不利益を蒙り、且つ相互的契約の組織が結局非常に激しい搾取と圧迫の組織に変化するという事実を、概念上決して排除するものではない。被搾取者と被圧迫者とがかような状態にあって抵抗を行う場合には、勿論経済的手段を用いて抵抗することは出来ない。その時、経済的勢力の所有者が、彼らの勢力的地位を変えようとする一切の「経済外的」な試みを、暴力とか、権利の侵害とか称して、これを妨げようとすることは、同様に当然なことである。自ら平和的な公正なる、交換及び相互的契約を基礎とする社会という理想的組織は、かくの如く振舞うことによって、崩れてしまうのみである。残念なことには、高利貸や恐喝取財者等もまた、契約の神聖、即ち契約は遵守せられざるべからずという原則及び「法治国」を楯に取っている。「交換」の領域の範囲は狭い。且つすべての物が必ずしも交換価値を持っているとは限らない。例えば政治的自由と政治的独立に対しては、賄賂の額は如何に大きかろうとも、相当な対価は存在しない。

結局、いずれも倫理と経済との両極の周囲を廻転しているような諸々の定義や構想の助けによっては、国家と政治とを根絶することは不可能であり、世界の政治性は否定されぬであろう。経済上の対立が政治的対立になり、「経済上の勢力的地位」という概念が成立し得たという事実は、経済についてもすべての専門領域と同様に、政治の問題から出発してこれに達することが出来るということを示すものに過ぎない。今日では政治ではなく、経済が運命なのである、というヴァルター・ラテナウのよく引用される言葉は、かかる印象の下に出来上ったのである。この言葉は、経済的地位に基礎を置く政治的勢力に適している。正しくは次のように言うべきであろう。即ち政治は昔も今も相変らず運命なのであるが、経済が政治の問題となり、かくして「運命」に化したのであると。

従って、経済的優越性に基礎を置いた政治的地位は、（社会学者ヨーゼフ・シュムペーターが一九一九年に主張したように、）「本質上好戦的でない」などと考えるのも、間違いである。本質上非好戦的なのは、単なる言葉の上だけであるに過ぎない。しかも、それとても自由主義的イデオロギーの本質から、そういえるに過ぎないのである。経済的基礎を持つ帝国主義は勿論、信用の停止、原料供給の停止、他国の本位制の攪乱等の経済的勢力手段を妨げられることなく使用することが出来、且つこれらの手段で用の足りるような、世界の状態をもたらそうと努めるのであろう。或る民族乃至その他の人間の集団が、これらの「平和的」手段の影響から逃れようと努める場合に、かくの如き帝国主義はこれを「経済外的な暴力」と観るであろう。それはまた、例えばジュネーヴの国際連盟が連盟規約第十六条（一九二一年第二回国際連盟総会決議第十四号）実施の「規準」として列挙したような、一般国民に対する食糧輸送の阻止及び経済封鎖の如き、苛酷な、だがやはり「経済的な」従って（この術語に従えば、）非政治的な、本質上平和的な強制手段を、信用することであろう。最後にそれは、万一必要の場合には実際に用いるために、暴力的物理的殺戮の技術的手段、即ち資本と知能とを傾けた結果として非常に役に立つものとなった技術的に完全な近代的武器を所有する。かような手段の行使に対しては、最早戦争を知らず、死刑執行、制裁、刑罰のための遠征、平和化、条約の保護、国際的警察、平和確保の工作等しか知らないような新しい本質上平和主義的な語彙が確かに作り上げられる。

かかる政治性を剥奪された組織においては、相手方は最早「敵」とは呼ばれない。だが、その代りに彼は「平和の侵犯者」及び「平和の攪乱者」として、法律の保護を停止され、人類の外に置かれることになる。経済的勢力状態の保護または拡張のために行われる戦争は、嫌悪の猟り立てと宣伝とを傾けることによって、「十字軍」及び「人類の最後の戦争」とされるに相違ない。倫理と経済、理想主義と唯物主義、教養と財産という自由主義の両極性は、このようなことを要望している。自由主義的両極性の中には、確かに驚くべき体系性と論理性とが示されている。けれども、このいわば非政治的な、しかのみならず一見反政治的な組織は、既存の敵味方の集団化に役立つか、さもなければ新しい敵味方の集団化に導くものであって、政治的なるものの結果を免れることは出来ない。

訳者解説

1

ヴェーバーの「職業としての政治」は、序言にも述べられているように、戦後のドイツの経済的並に政治的混乱期に際し、その帰趨を失った青年学生たちに、その方向を示さんとしたものであった。しかも、この講演は、単に学生たちのアドヴァイザーとしてのみならず、ヴェーバーの政治観を明らかにするものとして、極めて重要な意味を持つものである。次にその内容を略説しよう。

ヴェーバーは、先ず政治とは何かという問題から出発する。政治という言葉は、広狭様々な意味に使用されている。しかし、吾々が普通に政治という場合には、国家の政治が考えられている。そこで政治を理解するためには、国家とは何かという問題を解決しておかなければならない。今日の唯一の政治団体たる国家は、これを社会学的に観るならば、結局において、物的強制力を所有する点によって特徴づけられている。国家とは、合法的（即ち適法と認められたる）強制力なる手段を基礎とする所の、人間に対する人間の支配関係である。そして政治とは、かかる国家の権力分配、権力維持、権力移転等に参加することに外ならない。それ故に、政治を行う人は、他の目的のための手段としてにせよ、それ自らのためにせよ、権力を得ようと努力し、そのためには、必要に応じて強制力を用うることを辞さないのである。

ヴェーバーは、このように国家及び政治を定義した後に、かくの如き国家及び政治の姿を歴史及び実証のうちに求めようとしている。国家が強制力を基礎とする人間相互の支配関係であるならば、国家が存立するためには、被治者がその時々の統治者の権威に服さなければならぬ。そのためには、統治の適法性とこの適法性をして現実化せしむる所の外的手段が存在しなければならない。支配の適法性には三つの型がある。第一は、家長や家柄の古い君主に見られるような伝統的慣習的支配であり、第二は、個人の優れたる属性に対し、全く個人的に帰依する如き場合であり、第三は、官吏に見るような制定法に基く「権限」による支配である。この三つの類型の中で最も重要なのは、第二の場合である。蓋し天職としての政治とか職業としての政治とかが問題にされるのは、第二の場合だからである。

ところで適法性または合法性なる観念を現実化すべき外的手段は何かというに、それは物質的報酬と社会的名誉の二つである。この適法性の観念と物的手段によってのみ、国家の存在は可能なのである。

然らば、国家権力と権力を行使すべき行政手段とは、如何なる関係にあったろうか。中央集権制度を採るべきか、或は封建制を採るべきかは、過去における大きな問題であった。歴史の実際の発展においては、封建制から中央集権制への途を歩んで来た。当初において、諸侯或は貴族は自ら軍隊その他の行政手段を私有し、君主はその上に立ってこれを統轄するに過ぎなかったが、君主はこれらの行政手段を彼らの手から収奪し、完全な中央集権制を確立しようと試み、これに成功したのであった。あたかもこの過程は、生産手段の収奪過程と軌を一にするものであった。「職業政治家」は、かかる君主と貴族の闘争の過程において君主に仕え、政治的収奪過程の成功を可能ならしめたのである。かかる職業政治家の型を、年代順に並べれば、過去においては、僧侶、人文主義的文学者、宮廷貴族、門閥家、法律家、現代においては、弁護士、煽動政治家、記者、政党の役員等である。

現代における最も重要な職業政治家である政党の役員を理解するためには、政党の発達史及びその組織を知らなければならない。政党は、最初は貴族を中心とし、後には名望家を中心とした所の、地方的な政治クラブに過ぎなかった。名望家と議員との結合による臨時的政治団体が政党の端緒的形態だったのである。時の経過と共に地方的な政治クラブは、次第に全国的な政党の結成にまで、拡大されていった。近代の政党組織は、かかる政党の名望家または議員による支配を脱却し、専ら議会外の「本業的」政治家に指導されるようになっている。政治的企業家としてのボスとか、固定給を受ける使用人としての役員が、党の中心的人物となって、政綱の決定をはじめ、候補者の選択等を行い、議員を支配するようになる。かくて、一人の党首を頭として一群の職業政治家並に議員等が階層的に組織され、ここに近代的形態における政党組織が完成したのである。ヴェーバーは進んで、英米及びドイツ等の個々の国々における政党組織の変遷について詳述するのである。

ヴェーバーは以上の如き歴史的実証的研究を行った後、実情はかくの如くであるから、今日において、政治が「職業」として適当なものであるかどうか、或は政治の才能を有する者にとって、果して有望な前途が見込まれるかどうか、は頗る疑問であるとの見解を持している。しかし、無資産の故に、どうしても政治によって生計を樹てねばならぬ場合には、結局、記者になるか、政党の役員になるか、或は各種商工業団体もしくは地方団体などの中に、職を求めなければならない。だが、こういった職業は激しい誘惑に曝され、兎に角堕落の方向に導かれ易いものである。かかる誘惑に陥らず、自己の所信を断行し、自己の責任に堪えられることが、政治家にとっては何よりも大切である。

ここにおいて、ヴェーバーは、職業政治家たるためには、如何なる人間であるべきかという政治と倫理の関係を説いている。今までの冷静だったヴェーバーの論調は、今や異常な情熱を帯びて来る。ヴェーバーはこの講演において政治形態の冷静な客観的認識を与えることを目的としたのではない。ヴェーバーが語りたかったのは、正にこの政治と倫理との関係なのである。且つこの点において、政治家としての彼と、プロテスタントとしての彼とが、強烈な姿で浮上っているのである。

政治家に必要な性質は、情熱と責任感と観察力の三つである。彼は第一に、情熱的に仕事に没頭しなければならない。第二に彼は、自己の仕事に対して責任を引受けなければならない。蓋し単に情熱を有するだけでは、真に仕事に没頭するものと言い得ぬからである。第三に政治家は心を落着けて、冷静に現実に立向わなければならない。物と人との間に一定の距離を置いてみること、いわば観察力を持つことが必要である。政治は元来強制力乃至権力に関係するものであるから、政治家が権力の獲得に浮身をやつすことは格別非難すべきことではない。むしろそれは当然なことである。しかし、権力の追求が、本来の仕事から離れ、純個人的な陶酔の対象となる所に、政治家の危機は始るのである。政治家の大罪は、仕事の拋擲と責任の欠如とである。この大罪を犯さしむるものは、特に政治家の虚栄心、即ちなるべく人目につきたいという願望に他ならぬ。権力政治家が非難さるべき理由は、実にこの点に存するのである。

然らば如何なる仕事に仕うべきであるか。政治的活動の目標如何。それは結局において、世界観の問題である。だが、政治家は何らかの意味で信仰を持たなければならぬ。でないならば、彼は虚無の世界へ引入れられるであろうからである。

ところで、政治と倫理との間には如何なる関係があるだろうか。政治と倫理とは全く無関係なものであるか。そうではない。然らば、政治にも、他のすべての行為に妥当する倫理と同一の倫理が妥当するものであるか。ヴェーバーはこれを否定する。政治は権力もしくは強制力をその手段とする故に、その倫理も他とは自ら異らざるを得ない。就中、政治の倫理は、福音の倫理には従わない。「悪しき者には抵抗《テムカ》ふな。」と福音書が教える場合も、政治家にとっては逆に、悪しき者には抵抗え、然らざれば、汝はその悪事の共犯者たるだろう、という別な倫理が妥当する。これを要するに、絶対的倫理は、道徳の命ずる所に随い、結果の如何を顧慮しないが、これに反して政治の倫理は、何よりも先ず結果を顧慮し、結果に対する責任を負うものでなければならないのである。

ここにおいて、吾人は心情倫理に従って行動すべきか、責任倫理に従って行動すべきか、という大きな問題に遭遇するのである。政治の領域において、心情倫理的に行為することは、大なる無責任と危険とを包蔵する。蓋し政治においては、善から善が生じ、悪から悪が生ずるとは限らない。むしろ現実はその逆だからである。さればこそ、古代より現代に至るまでのキリスト教、仏教、マニ教、インド教、その他一切の宗教は、行為と結果との因果的統一を図るため苦慮し、種々な教説の発達を見るに至ったのである。政治が強制力を行使する限り、政治は本質的に悪魔の業である。従って政治を営もうとする者は、霊魂の救いを求めてはならぬ。美しき霊の世界を夢想することなく、容赦なく生の現実を直視し、生の現実を耐え忍ぶこと、この点に政治の倫理が存在するのである。責任倫理的に行動する政治家が、何らかの点について、「私はこれより他に仕方がない。私はこれを固守する。」というならば、それは実に立派な正しき態度である。政治家はこの意味で心情倫理家なることによって、その完全性を獲得する。この意味の心情倫理と責任倫理とは一緒になってはじめて、政治を天職とし得る所の真の人間を作り得るのである。世間が余りにも愚鈍であり、余りにも卑劣である場合にも、それに挫けず、すべてに対して、断乎所信を断行し得る確信のある人、その人のみが、政治に対する天職を有するのである。

ヴェーバーは、そう言って、当時ボルシェヴィズムに陶酔し、生の現実の直視を怠りがちであった青年を戒しめたのであった。

マックス・ヴェーバー略伝

マックス・ヴェーバーは、一八六四年四月二十一日、ネッカル河畔に、一法曹家の長男として生れ、病弱の中に成長したが、一八八二年、高等学校の卒業と共に、ハイデルベルク大学に入学し、父と同様に法律学を勉強した。これがヴェーバーが本格的勉強を開始した最初のことである。その前にも、秀才によくありがちなように、相当著名な難解な本を読破していたということであるが、どの程度まで理解していたかは疑わしい。蓋し、ヴェーバーの如き天才には、とかく神話が付き纏い易いからである。しかし、大学における彼の研究は法律に限局されず、広く歴史、経済学、哲学等の文化科学一般に亙っていた。大学において、哲学をクーノー・フィッシャーより、経済学をクニースから教わったことは、後の思想に多大な影響を与えている。哲学は後に到って、リッケルトから強い感化を受けるに到ったが、経済学に関する限り、ヴェーバーは、その最後に至るまで、歴史学派以上に出ていないようである。次いで、シュトラースブルクにおいて、二年間兵役に服し、除隊後は、ゲッティンゲン大学に法律学を専攻した。彼は学生時代において既に、理智の人よりもむしろ情熱の人であった。理論よりも実践に参加したい意欲が、ヨリ強く働いていたようである。この実践的傾向は死に到るまで、変化しなかった。元来行動的たるシュミット乃至シュパンにおいて、吾々は理論的な、余りに理論的な要素を見出すに対し、冷厳にして透徹せる論理に一貫すべきヴェーバーにおいて、行動的実践的色彩が著しく濃厚であることは、極めて興味深いことである。ヴェーバーは余りにも文学青年的であった。逆説的ではあるが、語の通常の意味においてロマン的であった。学生時代のヴェーバーは、既に、教授が政治に関与するのは、その職分に背反するものである、との意見を懐き、これは、後年の「職業としての学問」において再生されているが、これに由って観ても、彼は学者の本分を充分に意識しながらも、その本来の性格の故に、本来的に科学者としての道を歩むことの出来なかったことが意識されるであろう。

一八九二年、ヴェーバーはベルリン大学の私講師として、ローマ法、ドイツ法及び商法を講じ、翌年員外教授に就任した。この時まで彼の研究は主として法律学の研究に向けられていたが、この年から彼の興味は国民経済学に注がれることとなったのである。彼がマリアンネと結婚したのは、この年のことである。翌九四年の秋、この法律学者は珍らしくも、国民経済学者として、フライブルク大学に教授として招聘され、フィリポヴィッチの後を襲うこととなった。次いで九七年には、クニースの後継者としてハイデルベルク大学に招聘され、国民経済学における唯一の正教授となった。しかし、九九年の秋から著しく健康を害し、談話さえ困難となったので、休職を願い、諸所に保養旅行を試み、一九〇二年遂に、正教授を辞して、称号のみの教授となった。

以上の時期は、ヴェーバーの思想発展の過程における第一の段階である。この期における彼の研究は、主として、農業問題及び経済史的研究に向けられていた。学位論文たる「中世における商事会社の歴史」（一八八九年）、就職論文「ローマ農業史」（一八九一年）、「東エルベ地方のドイツにおける農業労働者の状態」（一八九二年）、及び同年の農業労働者に関する個別的実地調査、「取引所論」（一八九四年―九六年）、「国民国家及び国民経済政策」（大学就任講義、一八九五年）、国家学辞典初版の「取引所法、取引所制度、有価証券」の諸項目（一八九五年及び九七年）、「古代文化没落の社会的諸根拠」（一八九六年）などが、その主たる業績である。この時期には、未だ哲学的方法論的研究は発表されていなかった。

健康の恢復と共に、研究上の新段階が始った。以前の法律学的、経済史的研究と異って、今や新なる哲学的認識論的研究が始められたのである。社会科学及び社会政策の認識論的根拠如何、いわば経済学乃至経済政策の論理学の問題に、ヴェーバーは心を惹かれるに至った。かの「ロッシャー、クニース及び歴史的国民経済学の論理的問題」は、その最初の新しき研究であった。一九〇四年「アルヒーフ」創刊号に掲載せられた「社会科学的及び社会政策的認識の客観性」は、ヴェーバーの文化科学の認識論に関する一応の完成として、重要な意味を有するものである。この論文の問題とする所は、価値判断を理論から排斥することと、理想型の理論の展開の二つであった。

ヴェーバーは、科学に対し価値判断を混入することを峻拒する。ヴェーバーの所説を約言するならば、政策の目標は、畢竟世界観の問題に帰する。世界観が、客観性の理解をその目的とする科学の装いを以て登場することは、恕し難き誤謬であるというのである。第二の点は、認識論に関係する。しかもそれは、当時発表されたる「自然科学的概念構成の限界」におけるリッケルトの認識論の補正乃至は発展として現れたものであった。リッケルトの認識論においては、自然科学は普遍化的概念構成をなし、文化科学は個別化的概念構成をなす。ここにおいて、歴史法則を如何に取扱うかの問題を生じた。しかし、歴史法則が存在するのは事実であるから、何とかしてこれを解決しなければならぬ。そこで歴史法則を以て社会科学（経済学）に固有なものではなく、その単なる補助手段に過ぎぬものとした。このリッケルトの二元論を克服する有力な理論の一つは、ヴェーバーの理想型の理論である。ヴェーバーはリッケルトの認識論より出発し、個別的なるものに普遍化的観察を向けることにより、二つの概念構成の混合形態を求めた。これによって彼は、永久的自然法則でない、歴史的経済形態の典型的現象形態及びそれらの相互関係を研究せんとした。ここにおいて、彼は、現実の内に何らかの度合で作用せることの確かなまたはそう想像される連繋を一方的に誇張されたる価値関係に係らしめ、現実には分立散在するに過ぎぬ個々の現象の特質を統一的な思惟形象に築き上げたものである所の理想型の理論を展開し、現実は理想型との比較に依って、その意味を理解される、と為したのである。

この認識論的労作に続いて現れた「プロテスタンティズムの倫理と資本主義の精神」は、ヴェーバーの特異的研究として知られている。それ以後大戦に到るまで、彼は再び若干の工場労働者に関する丹念な実証的調査を行い、或はパウル・ジーベックの薦めに依って「社会経済学綱要」の編纂に従事した。しかし、ヴェーバーは学問的活動と共に、他方、その生来の正義心から法律家としての活動を行ったことも一再ではなかった。著名な哲学者、科学者、詩人、音楽家等との交りは、ネッカル河畔に行われた。彼はこの期間、叙情詩、音楽、美術等に親しむ機会を持ったのである。

一九一四年八月世界大戦が勃発するや、マックス・ヴェーバーは予備大尉として応召し、ハイデルベルクの衛戍病院に勤務した。勤務すること約一年、翌一五年秋、職を退いてからは、再び宗教社会学の研究に専心した。弟カール・ヴェーバーの戦死、妹リーエリの夫ヘルマン・シェーファーの戦死、更に親友エーミール・ラスクの戦死にも挫けずに。「世界宗教の経済倫理」において、儒教、インド教、仏教、道教の研究、殊にその社会経済的基礎の研究が行われた。大戦が当初の予想に反して長期戦に変じ、ドイツにとって周囲の情状は日々に悪化して来た時、ヴェーバーは現状平和を要求し、平和締結の問題に関する建白書を認めていたが、これは後になるまで印刷されなかった。また、一五年には、ビスマルクの対外政策を分析し、ポーランド問題を論じた。ドイツの無制限潜水艦戦採用については、国を憂うるの情から、潜水艦作戦の不可なるを説き、且つドイツの戦時経済を憂えた論文を著すなどして、ベルリンに赴き、政治活動に奔走したが、その間も学問的研究を継続していた。

一九一八年末休戦と共に、ドイツ帝国は崩壊し、ドイツ「共和国」が成立した。彼は混乱した当時の政情を痛烈且つ適切に批判し、当時の政府及び国民に多大な感銘と影響とを与え、自身も立候補することを慫慂されたが、遂に立候補は断念した。

一九一九年彼はミュンヘン大学に招かれて、再び教壇に立つこととなった。彼の第一回の講義は、政治状態に関するドイツの悲劇についてであった。ヴェーバーが講壇で直接に政治を問題にしたのは、これが最初にして最後のことであった。この年には、ミュンヘンの学生集会で、二つの重要な講演がなされた。一つは「職業としての学問」であり、一つは、吾々が先に訳出した所の「職業としての政治」であった。いずれも、戦後の激動期にその帰趨を失えるドイツの学生たちに、その行先を示さんとするものであった。冬の講義では、「一般社会史並に経済史綱要」の講義をなしたが、これは後にヘルマン及びパリーに依って編纂されたるヴェーバーの経済史となったのである。この頃のヴェーバーは戦前から続けられた「経済と社会」の最後の完成を急いでいたのであろう。積年の疲労が現れたのであろう。一九二〇年六月突然彼は病床に臥し、遂に六月一四日夕刻、マックス・ヴェーバーは、肺炎で息を引取ったのである。

彼は、学者であり、哲人であり、政治家であり、評論家であった。そして思想の方面においては、史上稀に見る大きな足跡及び功績を残したのである。ヴェーバーは、苟《いやしく》も何らかの関係において社会に関心を有する者、即ち、科学として、或は政策として、社会を認識し、社会の中で行動せんとする人々の無視することの出来ぬ存在であり、積極的に教を受くべきものの一人であろう。

2

シュミットは国家と社会とを同視する所の自由主義的政治観（多元的国家観）に徹

底的に反対し、国家並に政治の優位を説かんとするものである。「政治的なるものの概念」も一にこの目的のために外ならない。次にその内容を略記しようと思う。

政治とは何ぞや。政治または政治的なるものの概念を明らかにするために、シュミットは敵味方の区別なる概念から出発している。敵味方の区別は政治に特有な区別であって、他の倫理的、心理的、審美的乃至経済的区別と関係なく、独立に存在するものである。政治はかかる独立的な敵味方の関係に依って規定されねばならない。

然らば、敵味方とは一体何であるか。先ず敵とは如何なる意味に解すべきであるか。敵とは、すべての競争相手とか反対者を指すのではない。また、敵とは私的怨恨の対象でもない。敵とは、吾々の存在を確保するために、闘わねばならぬ人間の全体をいう。換言すれば、或る一群の人間の存在を脅すような他の一群の人間があって、両者の間に闘争が開始された時、両者は互に敵味方の関係にあるというのである。従って、個人間にはここでいう如き敵は存在しない。敵味方の関係は、一群の人間と他群の人間との間にのみ成立し得る。故に、敵とは常に、私敵でなく、公敵である。シュミットはこれをギリシア語とラテン語の敵なる言葉によって論証しようとしている。

右のような意味における敵味方の区別が、政治の概念を決定する。従ってこの対立の鋭さの程度に比例して、政治性には種々な程度が生ずるわけである。しかし、政治的関係の特徴が具体的な敵味方の対立関係に基くものであることに変りはない。

ところで、敵という概念には戦争の未必性が必要である。つまり、組織化された政治的単位体間の武力的闘争が必要である。このことは、戦争が政治の目的であるとか、政治の内容であるなどということを意味するものではない。唯戦争は、人間の行為と思惟に独特な規定を与え、政治に特有な挙措を執らしむるに至る前提であるというに過ぎない。戦争は、敵味方の対立が極端に顕れた場合である。換言すれば、敵味方の対立、従って政治は、戦争の可能性または未必性を前提するものである。戦争は危急存亡の場合である。

宗教的、倫理的、経済的、民族的その他一切の対立が深まって、そのために人々を敵味方に分つようになると、これは政治的対立に変化するものである。一度、危急存亡の場合を目的として集団が成立すると、従来の宗教的、倫理的、経済的規定を受けることなく、常に政治的規定に従うことになる。かかる政治的単位体は、敵味方の区別を統一的に判定する。敵味方の決定を統一的に下すことの出来ないような政治団体は、政治的単位ではない。この意味において、政治的単位体は常に至上権を有するものでなければならない。政治的単位体は如何なる勢力から、その究極の精神的動機を得ようとに関らず、正にその本質上、決定的な単位体である。政治的単位体は存在するか、さもなくば存在せぬかのいずれかである。だが、それが存在するならば、それは最高の、即ち最後的場合に決定を下す単位体である。この点に関する多元論は誤りである。

ところで、敵味方の区別を決定し、戦争を遂行するのは、国家である。他の政治団体も他人の生命を支配する権能を有するが、敵としての宣言を行い、宣戦を行うことは出来ない。国家はこの点において、他の政治団体に優越を示している。戦争を正当化するものは、何らかの規範または理想ではない。自己の存在を否定せんとする者に対して、自己の存在を主張するために戦われる場合にのみ、戦争は正当化されるのである。かような敵に対して、自己の決定により、且つ自己の危険において戦争を遂行し得る場合に限って、国家は国家たり得る。国家または民族の政治的本質もまた、ここに存するのである。如何なる国家も、如何なる民族も、政治的独立を保つ限り、敵味方の決定と戦争を回避することは不可能である。国際裁判所または国際条約によって戦争を除去することは出来ない。

政治的単位体の概念には、論理上敵味方の区別が先行するから、政治的単位体は敵としての他の政治的単位体の存在を前提している。この意味において世界国家は成立し得ない。国家は常に複数として存在しなければならない。全世界並に全人類を包括するような政治的単位体が成立すれば、戦争も敵味方の区別も、従って政治も無くなってしまうであろう。しかし、少くとも従来の限り、また現在においては、かかる状態は望むべくもあらぬ。人類とか国際連盟とかの名において戦争を廃止しようとする試みも、実は一国が他国に対する帝国主義的野望の偽装に他ならないのである。国家は常に他の国家を想定し、政治的単位体は常に他の政治的単位体を想定する。世界国家を口にするのは、単なる修辞上の言い廻しに過ぎぬのである。

シュミットは進んで、政治における人間は性悪的なものか、それとも性善的なものであるか、いわば政治の人性学を説いている。無政府主義は、人間を性善なものと観て、国家を否定せんとするが、同じく性善的な人間を前提する自由主義は、無政府主義のように国家を否定するものではなく、国家を社会に従属せしめようとしたに過ぎない。自由主義はむしろ特定の国家並に政治的権力に反対したものであって、積極的な国家論とか政治論とかを建設したものではなかった。

真の政治的理論はいずれも人間を性悪的なものと観ている。過去における真の政治思想家は、人間を悪として扱って来た。一体人間は性悪的なものであるか。それとも性善的なものであるか。人間の性は一様に善であるとか、悪であるとかいうのではなく、それぞれの領域において善であり、或は悪なのである。政治は敵味方の区別を前提するのであるから、当然に人性論的悲観論をその出発点としなければならない。人間の性を善とするならば、敵の存在の可能性が失われ、それと共に一切の政治に特有な結果が否定されてしまうことになるからである。この関係を赤裸々に認識したのは、ホッブス、マキャヴェリ、フィヒテ等である。政治上の性悪説は、道徳上非難すべきことではなく、それは政治の実情をありのままに記述したものに外ならぬのである。如何なる美名の下にも、この関係を否認することは出来ない。法、平和、秩序などということも、結局は闘争の一手段に過ぎない。政治的思惟及び政治的本能は、理論上も実際上も、敵味方を区別する能力によって認められるものである。これに反して、敵味方の区別を行う能力のなくなったことは、政治的能力の喪失を意味する。敵を敵として観ることなく、国民の忠誠を信じた革命前のフランス及びロシアがその例である。

シュミットは転じて、自由主義の政治論的性格に言及する。歴史的現実としての自由主義は、その中立的、非政治的態度にも拘らず、政治的性質を帯びたものである。だが、個人主義的自由主義の概念そのものからは、政治的理念は獲得されない。政治性の否定は、国家並に政治に関する積極的理論を提供するものではないからである。自由主義に積極的な政治論はない。自由主義は、個々の政治に対する批判としての意味を持つものに過ぎぬ。その結果として、自由主義は本質的に二元論的であり、倫理と経済の両極の間を浮動している。そして、この倫理と経済とを基礎として、一切の政治を征服的暴力として拒否せんとするのである。倫理及び経済に依る政治並に国家の否定なる点に、自由主義の政治論的性格が存在する。ヴェルサイユ条約もまた、これが例外を為すものではない。

自由主義のかかる否定的性質にも拘らず、それが支配的地位を占めるに至ったのは、それが形而上学と史観とに結付いたからである。バンジャマン・コンスタン、ハーバート・スペンサーの理論がその先駆であった。次いでヘーゲル、コント、ギールケ、テニイス、マルクス、また、最近ではオッペンハイマー、シュムペーター等は、自由主義と史観との結合に貢献する所、大なるものがあった。この深遠な構想力が自由主義思想を支配的地位にまで、高めたのである。しかしそれにも拘らず、政治性を否定することは不可能である。倫理の力によって政治を否定し、経済の力によって政治を解消する企ては、単なる言語上の偽装に過ぎず、新なる敵味方の区別に導きこの意味で戦争の可能性を包蔵するものである。かくて、シュミットは自由主義的見解に反対して、政治的なるものの優位を説いているのである。

カール・シュミット略伝

マックス・ヴェーバーと異って、カール・シュミットに関する略伝は種々な意味において少い。シュミットの思想界における地位が、ヴェーバーに比すれば何といっても劣っているということ、且つその上、シュミットは現存人物であることなどに依って、纏った伝記は未だ出来ていないようである。それで、些かヴェーバーの略伝に対して均衡を失する感があるが、材料の集った限りにおいて、シュミットの略伝を記述しておくこととする。

カール・シュミットは、一八八八年七月十一日に、ヴェストファーレンのプレッテンベルクで生れた。シュミットはカトリック的色彩が非常に強烈である。否彼自身は熱心なカトリック教の信奉者であり、シュパンと共に、その傾向は相異っているが、ロマン主義思想に造詣深く、その上に政治論乃至国家論を打建てんと試みているのである。――勿論、シュパンほどにロマン主義的思想は強烈且つ直接的ではないが。シュミットの主な思想的活動は、欧洲大戦後のことに属する。一九二一年グライフスヴァルトの教授となり、一九二二年ボン大学の教授となった。彼はロマン主義乃至カトリック的教説を政治乃至国家論に適用せんと試みた屈指の学者である。「政治的ロマン主義」なる彼の著書は、この初期の頃の代表作である。一九二八年ベルリン商業専門学校の教授となり、一九三三年ケルン大学の教授、同年十月以来ベルリン大学教授に就任した。シュミット学説の中心が、元来、自由主義的思想、特に自由主義的国家観乃至政治観の克服に向けられていた関係上、ナチスの重要な基礎理論の一つとなったことは、蓋し当然のことであろう。しかし、シュミットは時勢の潮流に迎合したものではなく、逆に時勢の方が彼の立場に近づいていったとすべきであろう。

シュミットは、元来、国法学者であり、且つまた国際法学者であった。彼は、ドイツが大戦に由り瓦解し、ヴァイマル憲法の下に半身不随的な所謂政党国家に堕するや、確乎たる国家組織を再建し、強力な、抵抗力のある政治的単位体の意味におけるドイツ国民の公的生活の再建を図ったのである。戦後の破局に処するに当り、ヴェーバーが比較的知的乃至情感的であったのに反して、シュミットにおいては意志的な点が強く現れていることを、読者は本書に訳出された二論文を対比することによって知り得るであろう。

彼の思想傾向からして、ナチス革命の成功後、彼の地位は次第に高まって来た。一九三三年には、プロイセンの枢密顧問官及びドイツ法学翰林院の顧問に任ぜられ、一九三二年ライプツィヒの国家裁判所において、プロイセン及び連邦間の係争においては、連邦政治を弁護した。また、一九三二年四月九日の連邦知事法の制定、並に一九三三年十二月十五日の地方自治体組織法の制定に与って力あったのである。

ヴェーバーの「職業としての政治」と、シュミットの「政治的なるものの概念」とは、問題の対象を異にしているために、直接的に比較するのは無理であるが、例えば、ヴェーバーが政治の本質を、強制力に結ばれたる支配被支配の関係と見るに反し、シュミットは、政治の本質を、敵味方の区別の決定に求めたるが如き、或は、ヴェーバーが動《やや》もすれば、社会を国家に先行せしむるに反し、シュミットは明白に国家を社会に先行せしめ、政治の優位を主張する如き、更にヴェーバーは、政治と非政治的領域とを区別し、前者においては、行為が問題であるが、後者においては、純粋な客観性、換言すれば「価値からの自由」が本質的であると考えるに反し、シュミットは、所謂政治たると否とを問わず、一切のものは敵味方の対立、従って政治的関係を超越することを得ず、一切は政治であると主張しつつある如き、いずれも、一方はプロテスタント的自由主義的であるに反し、他方はカトリック的全体主義的である事実と対照すれば、興味深いものが存在するであろう。

ヴェーバーとシュミット

清水幾太郎

職業としての政治

1

一九一九年の初頭、ヴェーバーはミュンヘンの学生たちに向って「職業としての政治」という講演を行った。言うまでもなく、当時のドイツは敗戦と革命との混乱のうちに立っており、学生たちはこれらの経験によって深刻な衝撃を受けていた。そしてヴェーバーにとって最も大切なことは、この混乱と衝撃との中で祖国の名誉を救うことであった。「十重二十重に外国の支配の下に立っているというドイツの悲劇、そのためにヴェーバーの言葉は慄えている。」マリアンネ夫人のこの表現は、或る程度まで右の講演にも当てはまるであろう。

同じ年の夏、この講演は相当の増補を経た上で出版せられた。誰でもこれを読めば気づくように、「職業としての政治」は自ら三つの部分を以て形作られている。序論と称すべき最初の部分は、政治、国家、権力の如き基礎的諸観念の規定を含んでいる。彼は極めて静かに、しかし甚だ確実に語り始める。第二の部分が本論。これは多くの頁数を占めており、職業的政治家の諸形態の記述より成っている。何人もここにヴェーバーの豊富な知識を見出すに違いない。けれども読者が特別な関心によって導かれていない限り、この部分は退屈であることを免れぬ。ヴェーバー自身は謂わば淡々と、というより無理に自分を抑えて語っているように見える。だが結論とも言うべき第三の部分に入るや否や、彼は遽かに叫び始める。彼の内部にあって、講演の最初から表現の機会を狙っていたものが、今それを摑んだのだ。ドイツの現実、これに対応する彼の態度、それが政治と倫理との関係という問題を通じて一挙に明らかになる。ヴェーバーの冷静な態度が彼自身によって裏切られている。そして周知のように、この講演が今日もなお多くの読者に訴えるのは、実にこの部分においてである。

講演が行われたのは、彼の死の前年のことである。従ってその背後には研究の長い過程が横たわっており、自ら講演の基礎を形成している。しかし更に重要なことは、同じくその背後に長い間の政治的経験が潜んでいるということであろう。彼は自己の政治的経験の末に、しかもこれを反芻しながら政治の倫理的意義を論じているのだ。

勿論、彼は一度も権力の地位に就いたことはない。政治に関しては終始ただ評論家として活動して来たに過ぎぬ。しかしながらビスマルクの支配の下にあったその青年時代以来、彼は常に政治的決意のうちに生きて来た。換言すれば、現実の与える政治的諸問題に対して彼は自己の態度を決定し且つ表明することを忘れなかった。ヤスペルスの述べるように、ヴェーバーの活動は「政治的愚鈍に対する闘争」であったかも知れないし、またその政治的判断は単純且つ確実であったかも知れない。だがヴェーバーは、その誠実と努力とにも拘らず、ドイツの政治の発展のうちに殆ど何らの痕跡も残すことはなかった。彼の鋭利な正当な要求はいつも現実政治の暗闇の中に空しく吸い込まれて行った。政治の上に深い痕跡を残すに相応しい機会が彼を訪れなかったのではない。戦中及び戦後の情勢は彼を政治的実践の場所へ幾度か引き出そうとした。いや、人々が彼を要求するような口実を、彼自身が与えていたのだ。しかし彼の作った理由によって人々が彼を要求する時、ヴェーバーは身を翻してそこから遁走する。彼は自ら求めて入り込んだ地点から脱出する。戦後における立候補の決意とその辞退とをめぐる事情は、彼と政治との間の半ば運命の如き関係を最後的に明らかにしていないであろうか。誰の眼にも見えることは、彼は自己を権力に結びつけるべきであったということ、そして彼は結局この権力との結びつきに堪え得なかったということだ。ヴェルサイユ条約に関するルーデンドルフとの不一致は、彼をミュンヘンへ、学問へ赴かせる。最後の遁走。「兎に角、私は目下のところ全く非政治的になっていると思います。」と彼は同年七月一日に書いている。講演「職業としての政治」が加筆の後に公刊せられたのは、ちょうどこの頃のことであった。

2

政治とは何であろうか。差当りヴェーバーは、「政治的団体の、従って今日では国家の、指導或はこの指導に影響を与える活動」と定義する。彼が自ら断っているように、基礎的諸観念の規定は専ら社会学的見地から行われている。国家は過去における多くの政治的団体の現代的形式であるにほかならぬ。国家を含めて、これらの政治的団体がかつて固有の課題としなかったものは存在しない。その実質的機能に関する限り、国家は凡ゆる領域に手を伸ばしている。それ故に実質的機能の点から国家を規定するよりも、これに固有な物的強制力という形式的側面から規定する方が便利である、とヴェーバーは考える。国家が他の集団から区別せられる特徴は、前者にとって物的強制力が固有のものであるところに認められる。他の集団は、国家がそれを承認する範囲内においてのみ強制力を有することが出来るに過ぎない。国家は特定の地域の内部において「適法的な物的強制力の独占」を要求する如き人間共同体である。私が他の場所で前近代的集団と名づけているもの、換言すれば、少数の成員の直接的接触を含み、複雑な機能によって成員の欲求の全面的充足を果す実体的有機的集団は、それぞれの規模において物的強制力を所有しておった。生産力の発展、交通技術の進歩と結んで、これらの集団の自給自足性が失われるに従い、かつて相互に独立であった諸集団が高次の集団のうちに包括せられ、強制力はこの高次の集団の所有に帰する。この過程を通じて、以前は暴力を以てのみ解決せられていた紛争が、論争や訴訟の如き、人間存在の部分的否定へ向う闘争形式によって代置せられる。旧来の小集団からの強制力の剝奪を背景とする合理化の末に、今は国家が強制力を独占するものとして現われている。政治は、合理化の過程の最後に国家の独占として残る非合理的なものとしての権力と直接に結びつくものでなければならぬ。ヴェーバーは、政治とは権力に関与しようとする、或は権力の分配を左右しようとする努力である、と語っている。

国家は適法的強制力という手段に基づく、人間に対する人間の支配関係である、と彼は言う。国家が存立するためには、被支配者が支配者の権威に服することが必要である。被支配者は何故にこの権威に服するのであろうか。ヴェーバーは支配の適法性の根拠に関係して、伝統的、カリスマ的、合法的という支配の三つの類型を区別する。第一は「永遠の過去」或は神聖な風習の権威によるものであって、古い家柄の領主などの行う支配、第二は特別の個人的カリスマによるもので、予言者、偉大なデマゴーグ、政党指導者などの行う支配、第三は合法的規定の妥当性への信仰に基づくもので、現代の官吏などが行う支配。けれどもヴェーバーにとって右の三者が平等の意義を有するものでなく、第二の類型が特別の重要性を与えられている。所謂 Beruf の思想はここに根ざしているからである。服従者が指導者の純粋個人的カリスマに対して心を寄せることによって成立する支配である。予言者や指導者のカリスマに対する帰依は、彼が個人或は人格として内的に「召された」指導者であることを意味し、人々が風習や法律によってでなく、実に彼自身を信ずることを意味するからだ。指導者は仕事即ち Sache に生きる。しかし人々は彼の人格即ち Person に帰依する。都市国家に発達した自由なデマゴーグ、立憲政治のうちに生れた政党指導者は、何《いず》れもこのような支配の形式を現わしている。しかしながら右に見た如き政治家だけが政治的権力闘争における決定的要素ではない。むしろ決定的なことは、彼らが如何なる補助手段を持つかという点に懸っている。この問題は支配の三つの類型について言い得ることであるが、支配は、一方において、行政幹部を、他方において、物的手段を必要とする。第一に、行政幹部は政治的支配を外部に向って表現する。だが人々が権力者に服従するのは、ただ適法性の観念のみによるのではなく、主としてその個人的利益に訴える二つの手段、即ち物質的報酬と社会的名誉とによる。采邑、扶持、俸給、特権、名誉などを失うことの危険こそ「行政幹部と権力者との連帯の究極的決定的基礎」を形作るものと言わねばならぬ。仕事に生きる政治的指導者は、一面において、彼の人格に帰依する人々によって服従せられながら、また他面において、彼との結合によって官職、利権、分捕品を獲得しようとする行政幹部に囲繞されていなければならぬ。人格への帰依と名誉或は利益への期待とを単純に切り離すことは著しく危険である。第二に、強制的支配を維持して行くためには、物質的手段を欠くことが出来ぬ。金銭、建物、馬匹、車輛など。問題は、これらのものが権力者に服従する人々自らの所有物であるか、それとも資本主義的経営における如く、行政幹部から独立しているかにある。ヴェーバーは前者を身分的組織、後者を直轄的組織として区別し、前者から後者への発展のうちに近代化の方向を見定めようとする。これは前に述べた合理化の過程、換言すれば、物的強制力が種々の社会集団から剝奪されて国家の独占に帰して行く過程と表裏するものと言わなければならぬ。ここに近代国家の規定が更めて現われて来る。それは一定の地域内において支配の手段として適法的な物的強制力を独占しようとし、この目的のために物的経営手段をその指揮者の手中に収めるところの支配団体である。

ヴェーバーの眼を冷たいと評するのは恐らく当らぬであろう。しかしそこには如何なる甘さも忍び込む隙は与えられていない。近代国家は合理化の過程の末に浮び出て来るものであるが、それだけにかつて多くの孤立的集団が有していた強制力を、謂わば倍加された非合理性のままに独占していると言わねばならぬ。政治とは何か。自らこの権力に参加しようとする、或は、権力の分配を左右しようとする努力にほかならぬ。終に合理化し尽せぬ危険な残滓であるのかも知れない、しかしヴェーバーがカリスマ的支配の重要性に触れる時、この問題は一層その意義を増大する。彼は何物にも欺かれない。政治的指導者は仕事に生きる。乃至は生きるべきだ。だがこれを囲繞し、これに服従を献げる人々は、指導者の人格の魅力にその眼を向けている。指導者との結合が約束する特権、分捕品、名誉などに心を惹かれている。指導者は人々のこうした欲求を知りながら、またこれに応えながら、しかも彼はその仕事に打ち込んで行かねばならぬ。ヴェーバーは政治を美しく描き出そうとしない。彼はこれとの間に或る距離を設定しながら、それを正面から見つめているのである。しかしもし人間がただ政治を眺めるのでなく、自らその中に生きようとするならば、彼は何をしたらよいのか。

3

政治的生活は人間に何を与えるか、という問に対して、ヴェーバーは先ず権力感を挙げて答える。自分は多くの人々に対して勢力を持っている、権力に関与しているという意識、特に歴史的事件の神経を握っているのだという気持、これは彼が形式上低い地位にあるにしても、世間を眼下に見るような感情を与えるであろう。この権力感に固有な魅力は、何人もこれを認めねばならぬ。だが人間は如何にしてこの権力に、また彼が自己に課する責任に相応しいものになることが出来るか。「歴史の車輪」に手をかけるには、吾々は如何なる人間でなければならないのか。ここに「倫理的問題の領域」が開かれて来る。

ヴェーバーは、政治家にとって決定的な三つの性質として、情熱、責任、観察力を指摘する。これは講演の中で最も有名な個所であろう。ここで情熱とは Sachlichkeit 即ち仕事に没頭して行く態度の意味である。仕事に対する、またそれを命じた神或は悪魔に対する献身のことにほかならぬ。だが情熱が「知識階級のロマンティク」に終らぬためには、この仕事に対する責任を行動の指針たらしめる態度が備っていなければならぬ。情熱が空虚な感激に流れて行くことをヴェーバーは何よりも警戒する。しかしそのためには最後に観察力がなければならぬ。「これこそ政治家の決定的な心理的性質である。」と彼は言う。これは冷静に現実を直視する態度の謂であり、「事物及び人間への距離」のことである。「距離を持たぬというのは、すべての政治家にとって死に値する大罪の一つである。」一方に情熱が要求せられ、他方に観察力が要求せられる。彼自身も言うように、「どうして燃える情熱と冷たい観察力とを一つの心のうちに押し込めることが出来るか。」両者は如何にして結合することが出来るか。もしこの場合における両者の比重ということが問題になるとしたら、ヴェーバーにとっては空しい情熱に対する警戒という意味における観察力の重要性が著しく強調せられていると見なければならない。一つを政治家の資格における主観的要素と称し、他を客観的要素と称するならば、客観的要素の比重が著しく大であると言わねばならぬ。ヴェーバーは虚栄心のうちに「極めて平凡な余りにも人間的な弱点」を認め、政治家が時々刻々これを克服して行く必要のあることを説いている。この弱点は学者を含む一切の人間が有しているにしても、政治家の場合にそこから生ずる危険は全く格別のものである。それは政治家が手段として権力を得ようとしているからである。この権力の追求が仕事を離れ、そして仕事に仕える代りに、純粋個人的な自己陶酔の対象となる時、政治家の罪悪が開始せられる。現実の客観性によって情熱に軌道が与えられねばならぬのであろう。しかしながら仮に政治家の資格における主観的要素と名づけた情熱も、ヴェーバーにとっては、実は Sachlichkeit のことであり、Sache 即ち仕事に献身するという意味において深く客観性を湛えたものと言わなければならない。情熱は仕事への情熱である。けれども仕事とは何か、というより、それは何によって支えられるか。「政治家が権力を求め且つ使用する場合の目的たる仕事が如何なるものたるべきかは、信仰の問題である。」政治家の胸中には「常に何らかの信仰がなければならない。」情熱はやはりあくまでも主観的要素と見なければならぬ。仕事を支えるものは、現実の単なる客観性でなく、政治家の信仰にほかならぬからである。この時に「事物及び人間への距離」としての観察力は何を与えるのであろうか。問題は既に「『仕事』としての政治のエトス」へ入り込んでいる。「政治の故郷たる倫理的地点」、そこでは究極の世界観が衝突し合い、そして最後にその何れかを選び取らねばならないのである。

仕事は客観的な色彩を帯びており、これに献身することによって政治家は空しい情熱の囚人となることを免れる。だがその客観性——と言えるなら——は、観察力を俟って成立する如きものではなく、かえって観察力に先行して存在するものである。この問題に関する観察力の地位の中には、ヴェーバーが他の機会に詳述する科学的認識の断片的性格、換言すれば、認識が人間の内部のコンパートメントとしての思惟にのみ働きかけるものであって、体系として人間の全体性を受けとめるものでないという有名な主張と何処かで結びつくものがある。それは処方箋を与えることが出来ぬ、と彼は言う。認識の一形式と見られる観察力は、それ故に仕事の実現に仕える技術的なものとなり、それに先行する指導的地位を占めることが出来ない。仕事というものに客観性があるとすれば、それはただ政治家がひとり自ら生み且つ支えるところの客観性であるのほかはない。人間が頼り得るものでなく、人間が自己に頼ることによって辛くも安定し得る客観性である。「神々の戦い」の中から人間がその決意と責任とを以て選び出したところの価値に基づくものである。このように観察力がむしろ技術的なものであり、仕事の基礎をなすものが専ら信仰の問題であるとするならば、前者の合理性は究極において後者の非合理性のうちに包み込まれなければなるまい。合理性は非合理性に奉仕するとも言うことが出来る。これは合理化の過程の末に現われている国家の物的強制力という前述の問題と一種の平行関係に立っているのかも知れぬ。合理的である限りにおいて、原因結果の系列は限りなく辿って行くことが出来るが、非合理的なものの出現は自らこの系列の切断を意味する。そして切断するものは、言うまでもなく、一定の信仰に自己を献げるところの人間である。政治家は、すべての責任というものを呑み込む原因結果の系列を敢えて切断して、一切の責任を自ら負うものとして立たねばならぬ。責任を持つものとして、何物にも解消し尽さぬものとして、一個の人間がここに生きている。

4

「決定的な点」としてヴェーバーが指摘するのは、例の心情倫理と責任倫理との対立である。すべての行為は心情倫理的な方向か或は責任倫理的な方向かを有している。即ち正しいと信ずることを行って、その結果を神に委ねるという方向に行動するか、「自己の行為の（予見し得る）結果に対して責任を負う」という方向に行動するかである。前者にあっては世間の愚鈍や人間の欠点によって行為者の失敗が弁明されるが、後者にあってはすべての結果は行為者自らの負うところとなる。

この問題の真実の意義は、政治が、歴史的過程における凡ゆる合理化にも拘らず、道徳的に疑わしい手段としての権力乃至強制力と不可避的に結びついているという事実から明らかになる。「政治にとって決定的手段をなすものは強制力である。」善い目的に到達するためには、政治家は悪い手段をも恐れてはならぬ。政治における「手段と目的との緊張」は何人もこれを看過せぬであろう。政治と権力との結合が運命である限り、或る政治家が一定の目的のために強制力を用いたことを他の政治家が道徳的に非難することは、不可能であり且つ無意味である。暴力に反対した政治家も、次の瞬間には、自ら暴力を振うであろう。「世界が悪魔によって支配されていること、政治即ち手段としての権力及び強制力に関係する人間は悪魔の力と契約を結ぶものであること、善からは善のみが生れ、悪からは悪のみが生れるというのは彼の行為にとって真実でなく、屢々その反対であること、これらは昔のキリスト教徒もよく知っていた。これに気がつかないものは、事実上、政治的には子供である。」古来の諸宗教はこの現実を正面から見て、そこに生ずる問題を解決しようと努力して来た。例えばプロテスタンティズムは国家を適法的のものと認めている。ルテルは個人を戦争の倫理的責任から解放し、すべてこれを政府に帰した。カルヴィンは信仰擁護の手段として強制力を承認した。

国家の手に残る強制力という事実は、倫理的諸問題を困難な条件の下に立たせずには措かぬ。その目的が如何なるものであろうとも、一度権力という手段と手を結ぶものは、それに固有な結果を自ら招き寄せなければならぬ。信仰或は革命のために戦う場合、このことは最も顕著になる、とヴェーバーは考える。暴力を用いて地上に絶対的正義を樹立しようとするものは、手下という人間的『装置』を必要とする。ところがこれらの人々は報酬がなければ動きはしない。政治家はこれを約束せねばならぬ。報酬は第一に内的である。即ち現代の階級闘争の下では相手方に対する反感、憎悪、復讐心を充たしてやらねばならぬ。相手方を異端者と罵りたいという手下の欲望を満足してやらねばならぬ。報酬は第二に外的である。冒険、勝利、分捕品、勢力、扶持などを手下に与えてやらねばならぬ。手下の低劣な倫理的動機の利用によって装置は初めて指導者の目的の実現へ向って動き出す。手段として権力を用いるものは、否応なしに右の軌道の中を走らなければならぬ。「彼は、すべての強制力のうちに身を潜めている悪魔の諸力と関係せねばならぬ。」再び如何なる甘さもヴェーバーを欺くことは不可能である。彼の眼は冷たいと言えるであろう。確かにキリストもアシシのフランチェスコも釈迦も、「暴力という政治的手段」を使いはしなかった。彼らの国は「この世のもの」ではなかったが、しかし彼らはこの世のうちに作用して来たし、今も作用している。だが政治は救済と異なって別の問題を有している。「暴力を以てのみ解き得る問題」を。ヴェーバーが終に許し得ないのは、自ら政治に関係しながら人間の現実性を忘れることである。彼が最初から前提していなければならぬ筈のあの悪魔の活動を看過して、結果に対する責任を負わず、これを更めて人間の愚鈍や無智の故とすることである。誤って政治の中に導き入れられた心情倫理の危険、彼はこれを吾々の眼前に据える。しかし政治家は一切の心情倫理と縁がないのであろうか。彼の言葉によれば、結果に対する責任を明白に心から感じ且つ責任倫理的に行為する成熟した人間が、或る点で、「私はこうするよりほかに仕方がない、私はこれを固守する。」と語る時、それは限りなく感動せしめるものである。「これは人間的に純粋で人の心を動かすものだ。」二つの倫理の間に絶対の対立があるのではなく、かえって両者は補い合うものである、とヴェーバーは書いている。両者相俟って政治を天職とする純粋な人間を作り上げることが出来る。

5

「吾々の前にあるのは、氷に閉された暗黒と酷寒の極地の夜である。」とヴェーバーは言う。以上に概略を述べた講演の最後の部分は、昂奮の跡をとどめているためか、行論必ずしも明晰とは称し難い。私もまたこれを整理して諸君に示す根気を有していない。しかし曖昧なままながら、これらの文字は、彼が政治に身を投ずると見せかけてしかも政治からの遁走を幾度となく繰返した秘密を少しずつ明らかにしてくれるであろう。

後は或る距離を置いて人間の現実性を観察している。高貴な政治的目的が達成せられて行く、その蔭に蠢く多くの人々の内部。それは弁護の余地のない低劣な倫理的動機で充たされている。これらの人間を利用するのでなければ、これらの欲求に満足を与えるのでなければ、政治的指導者はその高貴な目的に到達することが出来ぬ。吾々は人間の現実性をはっきりと見なければならない。目的が如何に神聖であり高貴であろうとも、低劣は寸毫の変化もなく依然として低劣。誰がこれを弁明し得よう。政治とは、自己を権力に結びつけるとは、こうした現実性の中に足を踏み込むことである。それればかりではない。人間の低劣或は愚鈍な現実性及びそこから生ずるすべての結果は、政治家がこれに藉口して身の潔癖を擁護し得る口実としてでなく、彼がそれを自己の責任として受取らねばならぬものとして存立する。これに責任を負わぬものは、政治を云々する資格を欠く。

実際の政治家、就中革命家は、この低劣愚鈍なものを逆にあの目的から貴重な意義を与えられているものと信じているのであろう。しかしそれであればこそ、政治家或は革命家として現実に行動することが出来る。行動するためには、自ら欺かれていることが必要になる。低劣愚鈍なものが革命的意志とか正義への情熱とかいう名称を以て飾られるのは、吾々の常に見るところである。何物にも欺かれないヴェーバーは、相反する二つの方向へその内部を引き裂かれながら、自己に呼びかける政治的行動の前に立ち尽さねばならぬ。だがデューウィなどによって表現されているアメリカ風の民主主義の伝統の中にあっては、低劣愚鈍なものが永久的或は本質的なものとしてでなく、かえって教育と相対的な一時的或は偶然的なものとして現われる。それは教育の方法によって変化し解消し得るものとなる。そして高貴な目的は必ずしも危険な手段によって達成されることを要せぬ。「目的と手段との間の緊張」はやがて失われるであろう、と人々は信じている。現実性というより、むしろ可能性の方向に人間が解釈されているのだ。ヴェーバーは、これをも欺かれていると見るかも知れない。前の場合に低劣並びに愚鈍がそのまま美しいものに仕立てられたのに反して、ここではそれが解消の運命にあるものとして取扱われる。しかし現実の政治的行動は、何れかの方法で自己が欺かれている時にのみ本当に生れる。そしてヴェーバーは何れでもないのだ。

政治とは情熱と観察力とを併せ持って堅い板に力をこめて徐々に穴を穿って行くことである、と彼は言う。何度となく不可能なことに手を出すことがなければ、可能なことにさえ到達出来ないであろう。しかしそれは指導者のみが行い得るところ。「彼が世間に与えようとするものに比して、彼の眼から見て、世間が余りにも愚鈍であり、余りにも低劣であっても、これに意気阻喪することなく、またすべてに対して『それにも拘らず』と言い得る確信のある人間のみが、政治への Beruf を持つのである。」

しかし誰がこの要求に堪えられるか。ヴェーバー自身もよくこれに堪え得なかった。この要求は固より理想を現わす。ヴェーバーは自ら掲げた理想の前に立ちすくんでいるのであろうか。それとも不知不識のうちに自己の政治からの遁走を合理化するためにこの要求を提出したのであろうか。何れにしても、彼は既に最後の遁走を試みた。そして彼が一方政治に惹かれながら、他方そこに巣食う権力及び人間の低劣のために脱出を試みるという、この分裂は、日本の知識階級に訴える多くのものを含んでいる。それは彼らの分裂の象徴であると同時に、また彼らの遁走の弁護人であるからにほかならぬ。

（鎌倉文庫編『マックス・ヴェーバー研究Ｉ』一九四八年十二月）

名著発掘　カール・シュミット著『政治的なるものの概念』

私がカール・シュミットの『政治的なるものの概念』というドイツ語の小冊子を初めて読んだのは、一九三七年頃であったように思う。恐らく、一九三二年版であったろう。一部ではよく知られているように、これは、政治の世界を敵味方の世界として鋭く描き出した書物である。政治の世界を構成する人間関係は、競争や論争のような人間関係とは違う高度の緊張関係を含むものであること、政治の世界は人間の或る部分でなく、常に人間の全体を要求し、従って、敵の全体的物理的な否定としての殺害の可能性を含むものであること、これらの諸点が有無を言わせぬロジックで述べられている。

私は二十歳台の後半であった。私はシュミットに感心したというよりは、これに感動した。私の感動が続いている時期に、三笠書房が、或る叢書の一冊として政治哲学に関する文献の反訳を出版したいという問題を持ち込んで来た。私は即座にシュミットを勧めはしたものの、三笠書房の注文通り、それを反訳する余裕は私にはなかった。困っているところへ現われたのが、法政大学助手の市西秀平であった。誰かの紹介状を持って私を訪れた市西は、ドイツ語の反訳の仕事が欲しい、と言う。彼は右腕がなく、上着の右袖がいつもフワフワ動いていた。彼が左手で書いた字は正確で清潔であった。結局、シュミットの反訳は市西がやることになり、私は名前だけを貸し、印税の全額は三笠書房から市西へ渡されることになった。無責任な話だが、私は市西の訳文に眼を通す暇もなく、一九三九年五月、それは出版された。出版された後も私は読まなかったが、評判はよかった。実は、それっきり、私は市西にも会っていない。噂によると、一九四五年三月十日の東京大空襲の際、下町のどこかで死んでしまったという。三笠書房のシュミットも絶版。稀に古本屋の店頭で見かけるが、馬鹿らしいような高い値がついている。

シュミットは、一九三三年から一九四五年まで、つまり、ヒトラーの政権獲得から彼の没落まで、ベルリン大学の教授であった。政治を競争や論争に解消しようとするリベラリズムと戦い続けたシュミットの意味は、或る程度まで、ヒトラーの意味と重なり合うであろう。戦後、シュミットは、ヒトラーと一緒に不吉なタブーになってしまった。日本ばかりではない。生誕七十年記念の祝賀論文集（一九五九年）の淋しさを見ると、この非凡な学者の上に明るい光が射しているとは考えられない。しかし、著書は戦後も幾度か版を重ねている。

この数年、学習院大学の演習で、私は『政治的なるものの概念』と同じシュミットの『政治神学』とを一年おきに使っている。ドイツ語の出来る学生は少ないけれども、シュミットの文章は平易明快なので、学生もあまり苦労しないようである。しかし、政治というものを完全に競争や論争に解消する戦後の甘ったれた政治思想で育てられて来た学生たちは、シュミットの一語一句にかなり大きなショックを受けているらしい。

（『文芸』一九六六年十一月号）

解説　幻の政治学古典

苅部　直

この文庫本のもとになったのは、一九三九（昭和十四）年五月、三笠書房から『現代思想全書』の第九巻として刊行された訳書である。三笠書房は当時、主に西洋の文藝書・哲学書を中心に出版事業を始めた、新進の出版社であった。原本には『現代思想全書』の月報第十三号が挟みこんであり、そこには「新刊・近刊・書目」として、ハイデッガー『存在と時間』上下（寺島實仁訳）、ロレンス『チャタレイ夫人の恋人』（伊藤整訳）といった書目が見える。後者は三年前に刊行した『ロレンス全集』第九巻に基づく再刊企画らしいが、結局この形では出なかったようである。

『現代思想全書』も、ゼーレン・キルケゴール、フリートリッヒ・ニーチェ、ヴィルヘルム・ディルタイ、レフ・シェストフと、いかにも当時の「現代思想」といった著者名が並んでいる。だがそのなかで、第十巻としてアルフレート・ローゼンベルク

『二十世紀の神話』（原著一九三〇年、丸川仁夫訳、一九三八年刊）も並んでいるのが不穏である。ナチズムの人種理論を代表するものとして、当時から悪名高い一冊であった。

自由主義の没落が叫ばれ、イタリアやドイツの全体主義が、新たな政治体制として注目される同時代の空気のなかで、この『政治の本質』も刊行されていたことは間違いない。同じ月報の「編輯後記」にはこう記されている。「吉田生」というおそらく担当編集者によるコラムである。

併し現実の生活は益〻テムポをはやめ、政治的なるものの強調と圧迫が愈々加重して来てゐます。この時に当り政治に関する二つの本質的な名著をお贈りするのは寔に意義深いことゝ存じます。而も現代の二大陣営たる自由主義と全体主義の二つの立場からする代表的論述を対質せしめた点に本書独自の価値が存します。時局をよく見ると共に本書を熟読されんことを希望いたします。

当時は支那事変がまさに進行中であり、日本国内では国家総動員法が公布され、言論統制も強まりつつあった。政治の世界では、近衛文麿のもとに集まった学者・官僚・ジャーナリストたちが昭和研究会を結成し、従来の議会政治・官僚政治をこえる「新体制」の創出をめざして、議論と提言を続けていた。そのうちの文化研究会が、三木清を中心にして綱領「新日本の思想原理」の正篇を発表したのは、この一九三九年の一月である。

本書の訳者として名前を見せている社会学者、清水幾太郎もまた、当時は同じ文化研究会の主要メンバーとして、頻繁に会合に参加していた。その経歴は竹内洋『メディアと知識人――清水幾太郎の覇権と忘却』（中央公論新社、二〇一二年）、庄司武史『清水幾太郎――異彩の学匠の思想と実践』（ミネルヴァ書房、二〇一五年）といった研究に詳しいが、その六年前に東京帝国大学文学部社会学科の副手を辞職し、筆一本で食べるジャーナリストとしての生活に入っていた。このころにはようやく知名度も上がり、東京朝日新聞の社外嘱託となっている。

「吉田生」による「編輯後記」、また本書それ自体の「訳者序文」にもあるように、マックス・ヴェーバー『職業としての政治』（一九一九年）、カール・シュミット『政治的なるものの概念（底本の訳題では「政治とは何か」）』（初版一九二七年、第二版一九三二年、第三版一九三三年。本書は第三版を底本とする）との二つをあわせて一書を編むという方針は、自由主義の危機の時代にあって、自由主義の立場を代表するヴェーバーの著作と、それをこえる全体主義を説いたと見なされたシュミットとの双方をあわせ読むことによって、「政治の本質」を読者に考えてもらおうとするものであった。

「自由主義」に対する清水幾太郎の当時の立場は、論文「自由主義の系譜」（『思想』一九三八年四月号初出、『清水幾太郎著作集』第六巻、講談社、一九九二年、所収）に示されている。オーギュスト・コントをはじめとする十九世紀の社会学史から研究を出発させた清水にとって、理性的な「市民的個人」――ここでの「市民」はマルクス主義者が説くような経済人としてのブルジョアの意味である――が秩序を支えるといった「自由主義」の理想は、すでに十九世紀から崩壊を約束されていたものであった。

しかし、政治原理としての「自由主義」は時代遅れだとしても、その限界を克服した新たな体制のなかでも、「自由」を求める人間の本質を保持しなくてはいけない。議会制の擁護者としてのヴェーバーと、それを厳しく批判するシュミットとの双方の著作を並べて読者に提示する本書の構成は、清水の当時の問題意識と見あったものであった。もちろん現在では、たとえば今野元による本格的な評伝『マックス・ヴェーバー──ある西欧派ドイツ・ナショナリストの生涯』（東京大学出版会、二〇〇七年）が示すように、ヴェーバーを単に自由主義者と規定してすませる評価には、疑問符をつけなくてはいけないだろう。

またシュミットにしても、本書の底本である『政治的なるものの概念』の一九三三年版は、ナチ党の政権掌握の直後に刊行されたものであり、ナチズムの立場に接近するような改訂が施されている。たとえば本訳書一二一頁には、「同類以外の他人」（原文では“der Fremde und Andersgeartete”。すなわち国籍を異にする「外国人」と、国籍はともかく「種を異にする人」という意味）が、「政治的偽装」として「客観性」を標榜しているという批判が見えるが、これはナチズムによるユダヤ人批判の常套文句と重なる。また、社会において集団が多元的に分立する状況（国家の社会への解消としての「全体国家」）に対する厳しい批判は、初版から一貫しているものの、この三三年版では「多元的政党国家」としてのヴァイマール共和国の体制に対する批判を、くり返し明示するとともに、そこで「国民社会主義者」が「非平和的なもの」として政治体制の敵とされていたことに言及している。

『政治的なるものの概念』については、すでに一九三二年版の翻訳が二種類、菅野喜八郎訳（『カール・シュミット著作集』I、慈学社出版、二〇〇七年、所収）と田中浩・原田武雄訳（未来社、一九七〇年）という形で刊行されている。『職業としての政治』についても、脇圭平訳（岩波文庫、一九八〇年）がある。とりわけ後者については、「カリスマ」「アンシュタルト」といったヴェーバー独自の用語をていねいに解説しながら訳しているので、原文の正確な理解のためには、そちらを併読するのがいいだろう。しかし、一九三九年という政治的危機の時代に日本で訳出されたテクストとして、この翻訳を再読することにも意義はあると思われる。

また、ヴェーバーの説くGesinnungsethikを「心情倫理」と清水は訳し、その訳語が研究史上で定着しているのだが、ありのままの感情の流露を思わせる「心情」よりも、むしろ個人の根本的な考え方や志操としての「信条」の方が、本文の理解にはふさわしいのではないか。早い時期の翻訳にさかのぼることは、そうした再検討にも読者を誘ってゆくだろう。ちなみに清水幾太郎・清水禮子による共訳（『世界の大思想23 ウェーバー政治・社会論集』河出書房新社、一九六五年）では「信念倫理」と訳している。

ただ、実は厄介な問題もある。この文庫版に附録として収めた「名著発掘 カール・シュミット著『政治的なるものの概念』」（初出一九六六年）で清水自身が語っているように、少なくともシュミット「政治的なるものの概念」の本文は、清水ではなく、法政大学の助手であった市西秀平によるものである。そのことは確かなのだろうが、ではヴェーバーの訳文は誰の手によるものなのか。両者の訳文に付された「解説」と「訳者序文」とは、清水自身が本当に書いているのか。

たとえばヴェーバーの用語「カリスマ」が訳文では「神智」、解説では「優れたる属性」、附録として収めた清水の論考「職業としての政治」(一九四八年初出)では「カリスマ」と、訳語が一定していない。通常は「正統性」もしくは「正当性」と訳されるLegitimitätの訳も、訳文では「合法性」であるが、解説と論考「職業としての政治」では「適法性」に傾いている。こうした疑問はあるが、その謎解きも含めて、魅力のある翻訳テクストであることはたしかだろう。

(かるべ・ただし　政治学者・日本政治思想史)

編集付記

一、本書は『現代思想全書9　政治の本質』（三笠書房、一九三九年五月刊）を底本とし、巻末に清水幾太郎の関連論考二篇を増補したものである。

一、「職業としての政治」は、Max Weber, *Politik als Beruf*, 1919.、「政治的なるものの概念」は、Carl Schmitt, *Der Begriff des Politischen*, 3. Aufl.1933. の全訳である。

一、文庫化にあたり、翻訳の各篇の前に置かれていた解説を「訳者解説」としてまとめ、解説文中の著作目録を割愛した。

一、清水幾太郎の論考「職業としての政治」は『清水幾太郎著作集』第8巻（講談社）、「名著発掘　カール・シュミット著『政治的なるものの概念』」は初出誌に拠った。

一、底本の旧字旧仮名遣いを新字新仮名遣いに改めた。また、読みやすさを考え、底本の漢字表記の一部を副詞・形容詞を中心にひらがなに改めた。人名などの固有名詞は訳者の表記の範囲内で統一した。

一、底本中、明らかな誤植と思われる箇所は訂正し、難読と思われる語にはルビを付した。

一、本文中、今日の人権意識に照らして不適切な語句や表現が見受けられるが、著訳者が故人であること、執筆当時の時代背景と作品の文化的価値に鑑みて、底本のままとした。

本書は『政治の本質』（三笠書房、一九三九年五月刊）を文庫化したものです。

中公文庫

政治《せいじ》の本質《ほんしつ》

2017年10月25日　初版発行

著　者　マックス・ヴェーバー

　　　　カール・シュミット

訳　者　清水幾太郎《しみずいくたろう》

発行者　大橋 善光

発行所　中央公論新社

〒100-8152　東京都千代田区大手町1-7-1

電話　販売 03-5299-1730　編集 03-5299-1890

URL http://www.chuko.co.jp/

DTP　嵐下英治

印　刷　三晃印刷

製　本　小泉製本

Published by CHUOKORON-SHINSHA, INC.
Printed in Japan　ISBN978-4-12-206470-6 C1131

定価はカバーに表示してあります。落丁本・乱丁本はお手数ですが小社販売部宛お送り下さい。送料小社負担にてお取り替えいたします。

中公文庫既刊より

各書目の下段の数字はISBNコードです。978－4－12が省略してあります。

S-25-1
シリーズ日本の近代
逆説の軍隊
戸部良一
近代国家においてもっとも合理的・機能的な組織であるはずの軍隊が、日本ではなぜ〈反近代の権化〉となったのか。その変容過程を解明する。
205672-5

S-25-2
シリーズ日本の近代
都市へ
鈴木博之
西欧文明との出会いは、日本の佇まいに何をもたらしたか。文明開化、大震災、戦災、高度経済成長――変容する都市の風貌から、日本人のアイデンティティの軌跡を検証する。
205715-9

S-25-3
シリーズ日本の近代
企業家たちの挑戦
宮本又郎
三井、三菱など財閥から松下幸之助や本田宗一郎ら消費者本位の実業家まで、資本主義社会の光と影を担った彼らの手腕と発想はどのように培われたのか。
205753-1

S-25-4
シリーズ日本の近代
官僚の風貌
水谷三公
この国を動かしてきた顔の見えない人々――政党勃興、戦時体制、敗戦など社会情勢の変動が、行政機構に与えた影響を探る、ユニークな日本官僚史。
205786-9

S-25-5
シリーズ日本の近代
メディアと権力
佐々木隆
「社会の木鐸」「不偏不党」「公正中立」その実態は？知られざる新聞の歴史を豊富な史料で描き、現在のメディアが抱える問題点を根源に遡って検証。
205824-8

S-25-6
シリーズ日本の近代
新技術の社会誌
鈴木淳
洋式小銃の導入は兵制を変え軍隊の近代化を急がせた。洗濯機の登場は主婦に家事以外の時間を与えた。新技術の導入は日本社会の何を変えたのだろうか。
205858-3

S-25-7
シリーズ日本の近代
日本の内と外
伊藤隆
開国した日本が、日清・日露の戦を勝ち抜いて迎えた二十世紀。世界は、社会主義によって大きく揺すぶられる。二部構成で描く近代日本の歩み。
205899-6

S-24-1
日本の近代1
開国・維新
1853～1871
松本健一
太平の眠りから目覚めさせられた日本は否応なしに開国、そして近代国家への道を踏み出していく。黒船来航に始まる十五年の動乱、勇気と英知の物語。
205661-9

S-24-2
日本の近代2
明治国家の建設
1871～1890
坂本多加雄
近代化に踏み出した明治政府を待ち受けていたのは、一揆、士族反乱、そして自由民権運動といった試練であった。廃藩置県から憲法制定までを描く。
205702-9

S-24-3
日本の近代3
明治国家の完成
1890～1905
御厨貴
明治憲法制定・帝国議会開設と近代国家へのスタートを切った日本は、内に議会と藩閥の抗争、外には日清・日露の両戦争と、多くの試練にさらされる。
205740-1

S-24-4
日本の近代4
「国際化」の中の帝国日本　1905～1924
有馬学
「日露戦後」の時代。偉大な明治が去り、関東大震災がおき、帝国日本は模索しながらどこへむかおうとしたのか。大正デモクラシーの出発点をさぐる。
205776-0

S-24-5
日本の近代5
政党から軍部へ
1924～1941
北岡伸一
政治の腐敗、軍部の擡頭。時代は非常時から戦時へと移っていく。しかし、社会が育んだ自由な精神文化は戦後復興の礎となった。昭和戦前史の決定版。
205807-1

S-24-6
日本の近代6
戦争・占領・講和
1941～1955
五百旗頭真
日本はなぜ対米戦争に踏み切り、敗戦をどう受け入れたのか。国内政治の弱さを内包したまま戦後再生し、冷戦下で経済大国となった日本の政治の有様は。
205844-6

S-24-7
日本の近代7
経済成長の果実
1955～1972
猪木武徳
一九五五年、日本は「経済大国」への軌道を走り出す。日本人は何を得、何を失ったのか。高度経済成長期を現在の視点から遠近感をつけて立体的に再構成する。
205886-6

S-24-8
日本の近代8
大国日本の揺らぎ
1972～
渡邉昭夫
沖縄の本土復帰で「戦後」を終わらせた日本だが、石油危機、狂乱物価、日米貿易摩擦など、内外の試練をうけ続ける。経済大国の地位を築いた日本の行方。
205915-3

各書目の下段の数字はＩＳＢＮコードです。978－4－12が省略してあります。

ク-6-1
戦争論（上）
クラウゼヴィッツ　清水多吉訳

プロイセンの名参謀としてナポレオンを撃破した比類なき戦略家クラウゼヴィッツ。その思想の精華たる本書は、戦略・組織論の永遠のバイブルである。

203939-1

ク-6-2
戦争論（下）
クラウゼヴィッツ　清水多吉訳

フリードリッヒ大王とナポレオンという二人の名将の戦史研究から戦争の本質を解明し体系的な理論化をなしとげた近代戦略思想の聖典。〈解説〉是本信義

203954-4

シ-10-1
戦争概論
ジョミニ　佐藤徳太郎訳

19世紀を代表する戦略家として、クラウゼヴィッツと並び称されるフランスのジョミニ。ナポレオンに絶賛された名参謀による軍事戦略論のエッセンス。

203955-1

ま-5-4
孫子
町田三郎訳

古代中国最高の戦略家孫子の思想は、兵書の域を超えた究極の戦略論として現代に読み継がれている。リーダーシップの極意が、この中には満ちている。

203940-7

お-36-4
呉子
尾崎秀樹訳

古代中国の軍の一大変革期に楚の宰相を務めた呉起。その言を集めた本書は『孫子』にならぶ武将必携の書とされた。兵法書の最高峰「五経七書」のうちの一冊。

204587-3

ま-40-1
三略
眞鍋呉夫訳

苛酷な乱世を生き抜くための機略がここにある。孫子・呉子と並び称され、古来より多くの名将が諳んじた古代中国きっての兵法書、初の文庫化。

204371-8

は-60-1
六《りく》韜《とう》
林富士馬訳

六巻にわたり綴られる兵法の極意、そして周王朝建設における戦略闘争史。藤原鎌足が諳んじ、若き源義経が愛読したと伝えられる兵法書、初の文庫化。

204494-4

い-61-2
最終戦争論
石原莞爾

戦争術発達の極点に絶対平和が到来する。戦史研究と日蓮信仰を背景にした石原莞爾の特異な予見は、日本を満州事変へと駆り立てた。〈解説〉松本健一

203898-1

各書目の下段の数字はISBNコードです。978－4－12が省略してあります。

マ-10-2
疫病と世界史（下）
W・H・マクニール
佐々木昭夫訳
これまで歴史家が着目してこなかった「疫病」に焦点をあて、独自の史観で古代から現代までの歴史を見直す好著。紀元一二〇〇年以降の疫病と世界史。
204955-0

タ-7-1
愚行の世界史（上）トロイアからベトナムまで
B・W・タックマン
大社淑子訳
国王や政治家たちは、なぜ国民の利益と反する政策を推し進めてしまうのか。世界史上に名高い四つの事件を詳述し、失政の原因とメカニズムを探る。
205245-1

タ-7-2
愚行の世界史（下）トロイアからベトナムまで
B・W・タックマン
大社淑子訳
歴史家タックマンが俎上にのせたのは、ルネサンス期教皇庁の堕落、アメリカ合衆国独立を招いた英国議会の奢り。そして最後にベトナム戦争をとりあげる。
205246-8

コ-7-1
若い読者のための世界史（上）原始から現代まで
E・H・ゴンブリッチ
中山典夫訳
歴史は「昔、むかし」あった物語である。さあ、いまからその昔話をはじめよう――若き美術史家ゴンブリッチが、やさしく語りかける、物語としての世界史。
205635-0

コ-7-2
若い読者のための世界史（下）原始から現代まで
E・H・ゴンブリッチ
中山典夫訳
私たちが知るのはただ、歴史の川の流れが未知の海へ向かって流れていることである――美術史家が若い世代に手渡す、いきいきと躍動する物語としての世界史。
205636-7

マ-10-5
戦争の世界史（上）技術と軍隊と社会
W・H・マクニール
高橋　均訳
軍事技術は人間社会にどのような影響を及ぼしてきたのか。大家が長年あたためてきた野心作。上巻は古代文明から仏革命と英産業革命が及ぼした影響まで。
205897-2

マ-10-6
戦争の世界史（下）技術と軍隊と社会
W・H・マクニール
高橋　均訳
軍事技術の発展はやがて制御しきれない破壊力を生み、人類は怯えながら軍備を競う。下巻は戦争の産業化から冷戦時代、現代の難局と未来を予測する結論まで。
205898-9

カ-6-1
塩の世界史（上）歴史を動かした小さな粒
M・カーランスキー
山本光伸訳
人類は何千年もの間、塩を渇望し、戦い、求めてきた。古代の製塩技術、各国の保存食、戦時の貿易封鎖とともに発達した製塩業……壮大かつ詳細な塩の世界史。
205949-8

カ-6-2
塩の世界史(下) 歴史を動かした小さな粒
M・カーランスキー
山本光伸 訳
悪名高き塩税、ガンディー塩の行進、製塩業の衰退と伝統的職人芸の復活。塩からい風味にユーモアをそえておくる、米国でベストセラーとなった塩の世界史。
205950-4

チ-2-1
第二次大戦回顧録 抄
チャーチル
毎日新聞社 編訳
ノーベル文学賞に輝くチャーチル畢生の大著のエッセンスをこの一冊に凝縮。連合国最高首脳が自ら綴った、第二次世界大戦の真実。〈解説〉田原総一朗
203864-6

マ-13-1
マッカーサー大戦回顧録
マッカーサー
津島一夫 訳
日米開戦、屈辱的なフィリピン撤退、反攻、そして日本占領へ。「青い目の将軍」として君臨した一軍人が回想する「日本」と戦った十年間。〈解説〉増田 弘
205977-1

ハ-16-1
ハル回顧録
コーデル・ハル
宮地健次郎 訳
日本に対米開戦を決意させたハル・ノートで知られ、「国際連合の父」としてノーベル平和賞を受賞した外交官が綴る国際政治の舞台裏。〈解説〉須藤眞志
206045-6

ケ-6-1
13日間 キューバ危機回顧録
ロバート・ケネディ
毎日新聞社外信部 訳
互いに膨大な核兵器を抱えた米ソが対立する冷戦の時代。勃発した第三次大戦の危機を食い止めた両国首脳ケネディとフルシチョフの理性と英知の物語。
205942-9

ケ-7-1
ジョージ・F・ケナン回顧録Ⅰ
ジョージ・F・ケナン
清水俊雄
奥畑稔 訳
封じ込め政策を提唱し冷戦下の米国政治に決定的な影響を与えた外交官ケナン。米国外交形成過程を活写した本書はその代表作にして歴史的名著である。
206324-2

ケ-7-2
ジョージ・F・ケナン回顧録Ⅱ
F・ケナン
清水俊雄
奥畑稔 訳
本書はケナンの名を一躍知らしめた「X-論文」とそれがトルーマン政権下で対ソ政策の基調となり冷戦が始まる時代を描く。日本問題への考察も重要だ。
206356-3

ケ-7-3
ジョージ・F・ケナン回顧録Ⅲ
F・ケナン
清水俊雄
奥畑稔 訳
最終Ⅲ巻は冷戦が激化を迎える一九五〇-六三年が対象。ケナンはモスクワ等での経験を描きつつ冷戦下世界へ根源的な分析を加える。〈解説〉西崎文子
206371-6

各書目の下段の数字はＩＳＢＮコードです。978－4－12が省略してあります。

し-45-1
外交回想録
重光　葵
駐ソ・駐英大使等として第二次大戦への日本参戦を阻止するべく心血を注ぐが果たせず。日米開戦直前まで約三十年の貴重な日本外交の記録。〈解説〉筒井清忠
205515-5

し-5-2
外交五十年
幣原喜重郎
戦前、「幣原外交」とよばれる国際協調政策を推進した外交官であり、戦後、新憲法に軍備放棄を盛り込むことを進言した総理が綴る外交秘史。〈解説〉筒井清忠
206109-5

い-10-2
外交官の一生
石射猪太郎
日中戦争勃発時、東亜局長として軍部の専横に抗し、戦争終結への道を求め続けた著者が自らの日記をもとに綴った第一級の外交記録。〈解説〉加藤陽子
206160-6

さ-4-2
回顧七十年
斎藤　隆夫
陸軍を中心とする革新派が台頭する昭和十年代、「粛軍演説」等で「現状維持」を訴え、除名されても信念を曲げなかった議会政治家の自伝。〈解説〉伊藤　隆
206013-5

お-19-2
岡田啓介回顧録
岡田　啓介
岡田貞寛編
日清・日露戦争に従軍し、条約派として軍縮を推進、二・二六事件で襲撃され、戦争末期に和平工作に従事した海軍高官が語る大日本帝国の興亡。〈解説〉戸高一成
206074-6

み-9-6
太陽と鉄
三島由紀夫
三島ミスチシズムの精髄を明かす表題作。作家として自立するまでを語る「私の遍歴時代」。三島文学の本質を明かす自伝的作品二篇。〈解説〉佐伯彰一
201468-8

み-9-7
文章読本
三島由紀夫
あらゆる様式の文章・技巧の面白さ美しさを、該博な知識と豊富な実例と実作の経験から詳細に解明した万人必読の文章読本。〈解説〉野口武彦
202488-5

み-9-11
小説読本
三島由紀夫
作家を志す人々のために「小説とは何か」を解き明かし、自ら実践する小説作法を披瀝する、三島由紀夫による小説指南の書。〈解説〉平野啓一郎
206302-0

み-9-12
古典文学読本
三島由紀夫
「日本文学小史」をはじめ、独自の美意識によって古今集や能、葉隠まで古典の魅力を綴った秀抜なエッセイを初集成。文庫オリジナル。〈解説〉富岡幸一郎
206323-5

み-9-9
作家論 新装版
三島由紀夫
森鷗外、谷崎潤一郎、川端康成ら作家15人の詩精神と美意識を解明。『太陽と鉄』と共に「批評の仕事の二本の柱」と自認する書。〈解説〉関川夏央
206259-7

み-9-10
荒野より 新装版
三島由紀夫
不気味な青年の訪れを綴った短編「荒野より」、東京五輪観戦記「オリンピック」など、〈楯の会〉結成前の心境を綴った作品集。〈解説〉猪瀬直樹
206265-8

よ-5-9
わが人生処方
吉田健一
独特の人生観を綴った洒脱な文章から名篇「余生の文学」まで。大人の風格漂う人生と読書をめぐる随想集。吉田暁子・松浦寿輝対談を併録。文庫オリジナル。
206421-8

こ-14-1
人生について
小林秀雄
人生いかに生くべきか――この永遠のテーマをめぐって正しく問い、物の奥を見きわめようとする思索の軌跡を辿る代表的文粋。〈解説〉水上勉
200542-6

ち-8-1
教科書名短篇 人間の情景
中央公論新社編
司馬遼太郎、山本周五郎から遠藤周作、吉村昭まで。人間の生き様を描いた歴史・時代小説を中心に中学教科書から厳選。感涙の12篇。文庫オリジナル。
206246-7

ち-8-2
教科書名短篇 少年時代
中央公論新社編
ヘッセ、永井龍男から山川方夫、三浦哲郎まで。少年期の苦く切ない記憶、淡い恋情を描いた佳篇を中学教科書から精選。珠玉の12篇。文庫オリジナル。
206247-4

す-4-3
滝田樗陰 『中央公論』名編集者の生涯
杉森久英
『中央公論』主幹を務め、大正期の論壇・文壇を演出した名編集者の生涯を描く。吉野作造、谷崎潤一郎らによる追悼文併録。『中央公論』創刊一三〇周年記念復刊。
206398-3

各書目の下段の数字はISBNコードです。978-4-12が省略してあります。

マ-15-1
五つの証言
トーマス・マン
渡辺一夫
第二次大戦前夜、戦闘的ユマニスムの必要を説いたマンへの共感から生まれた渡辺による渾身の訳業。寛容論ほか渡辺の代表エッセイを併録。〈解説〉山城むつみ
206445-4

ク-5-1
ドイツ第三帝国
グラーザー
関 楠生 訳
第三帝国が夢想した世界観や組織論を第一級史料を駆使しながら多角的に分析、思想と行動、宣伝機構やナチス芸術・文学などについて論じた不朽の名作。
205078-5

マ-2-3
新訳 君主論
マキアヴェリ
池田 廉 訳
十五世紀末のイタリアで、豊かな外交経験に培われた歴史把握と冷徹な人間認識が、この名著に結実した。近年の研究成果をもとに詳細な訳註を付す。
204012-0

よ-56-1
憲政の本義 吉野作造デモクラシー論集
吉野作造
憲法、民主主義、ポピュリズム……大正デモクラシーを唱道し、百年前から私たちの抱える課題を見通した吉野の代表論文6篇を収録。〈解説〉苅部直
206252-8

フ-14-1
歴史入門
F・ブローデル
金塚貞文 訳
二十世紀を代表する歴史学の大家が、その歴史観を簡潔・明瞭に語り、歴史としての資本主義を独創的に意味付ける、アナール派歴史学の比類なき入門書。
205231-4

な-68-1
新編 現代と戦略
永井陽之助
戦後日本の経済重視・軽武装路線を「吉田ドクトリン」と定義づけた国家戦略論の名著。岡崎久彦との対論を併録。文藝春秋読者賞受賞。〈解説〉中本義彦
206337-2

な-68-2
歴史と戦略
永井陽之助
クラウゼヴィッツを中心にした戦略論入門に始まり、愚行の葬列である戦史に「失敗の教訓」を探る。『現代と戦略』第二部にインタビューを加えた再編集版。
206338-9

と-18-1
失敗の本質 日本軍の組織論的研究
戸部良一／寺本義也
鎌田伸一／杉之尾孝生
村井友秀／野中郁次郎
大東亜戦争での諸作戦の失敗を、組織としての日本軍の失敗ととらえ直し、これを現代の組織一般にとっての教訓とした戦史の初めての社会科学的分析。
201833-4